股市磨剑30年的
12堂高手课

郭泰 ◎ 著

抄底大师炼金绝学

广东经济出版社

·广州·

本书中文简体出版权由厦门理想国文化创意有限公司代理，经远流出版事业股份有限公司授权。同意由广东经济出版社有限公司出版中文简体字平装本版本，仅限中国大陆地区发行。该出版权受法律保护，非经书面同意，任何机构和个人不得以任何形式任意复制、转载。

图书在版编目（CIP）数据

抄底大师炼金绝学：股市磨剑 30 年的 12 堂高手课/郭泰著. —广州：广东经济出版社，2024.7
ISBN 978-7-5454-9170-8

Ⅰ．①抄… Ⅱ．①郭… Ⅲ．①股票投资—基本知识 Ⅳ．①F830.91

中国国家版本馆 CIP 数据核字（2024）第 019575 号

版权登记号：19-2023-350

责任编辑：陈念庄　李雨昕
责任校对：罗玉琪
责任技编：陆俊帆

抄底大师炼金绝学：股市磨剑 30 年的 12 堂高手课
CHAODI DASHI LIANJIN JUEXUE: GUSHI MOJIAN 30 NIAN DE 12 TANG GAOSHOUKE

出版发行：	广东经济出版社（广州市水荫路 11 号 11~12 楼）
印　　刷：	广东鹏腾宇文化创新有限公司
	（珠海市高新区唐家湾镇科技九路88号10栋）

开　　本：730mm×1020mm　1/16	印　　张：15.5
版　　次：2024 年 7 月第 1 版	印　　次：2024 年 7 月第 1 次
书　　号：ISBN 978-7-5454-9170-8	字　　数：167 千字
定　　价：58.00 元	

发行电话：(020) 87393830　　　　　　　　编辑邮箱：Joycechen17@126.com
广东经济出版社常年法律顾问：胡志海律师　　法务电话：(020) 37603025
如发现印装质量问题，请与本社联系，本社负责调换。

版权所有 · 侵权必究

推荐序一
股票投资的极致法则

陈忠庆 | 群益投信前总经理、中国多家基金公司顾问

一位朋友通过微信转来一个自媒体的链接,打开一看,是一个谈论把小事做好也可以成为个中高手的长文。文中说了三个故事,其中一个故事过去曾轰动一时,是中国知名商业咨询师刘润的亲身经历,即《出租车司机给我上的MBA课》中讲述的故事。

文章发表于2006年,当时刘润在微软公司工作,有一次要搭出租车去机场,碰到一位很不一般的司机。路上两人交谈的过程中,他深深觉得司机给自己上了一堂非比寻常的MBA(工商管理硕士)课。

我重读这篇旧文后,把我想阐述的重点罗列于下,试着将其和我熟悉的投资理财领域做联结,应该有若干启发。

首先,司机说他在上海徐家汇只做美罗大厦和均瑶国际广场这两个地方的生意。在接到刘润之前,他已在美罗大厦门口兜了两圈,看到刘润从大厦出来,认为其搭车路

程肯定不短。

接着，他说当出租车司机要使用科学的方法，要懂统计学。经他精确计算，每天开车17个小时，每小时成本34.8元新台币（以下同），计算依据是他每天上交公司380元，油费约210元，一天开车17小时，平均下来就是22.4元+12.4元=34.8元。

另外，经过数据分析，每次载客之间的空驶时间是7分钟，如果上来一名乘客只跑起步价10元，大概要开10分钟，也就是10元车费要花上17分钟的成本，即9.8元，根本没赚钱。所以要选择停车的地点、时间和乘客，主动选择路程远的客户。

司机举例说，医院门口有一个拿药的和一个拿脸盆的人，这时就要载拿脸盆的，因为一般小病痛要拿药不一定会去很远的医院；而拿脸盆搭车的是出院的病人，其通常会有重获新生的感觉，会舍得花钱搭长途车。至于那些在超市门口、地铁站搭车或穿睡衣的人，他们可能去很远的地方吗？所以要选客人，而不是让客人选你。

司机又说，有一次一名乘客要去火车站，说了要怎么走，司机建议上高架，但乘客觉得绕路了。司机说按乘客的走法要50元，按他的走法也只收50元，多的不收。最后是多走了4公里，快了25分钟，但也只收乘客50元。乘客很高兴，因为他省了10元左右；而对司机而言，4公里就

推荐序一 股票投资的极致法则

是 1 元多的油钱,相当于用 1 元多钱买了 25 分钟,而司机 1 小时的成本是 34.8 元,所以司机很划算。难怪这位司机的收入是一般司机的 3 倍!

看到这里,你不觉得这位司机经过研究、分析以及每天实践所归纳出的原则与方法,也可以套用在股票投资中吗?司机选择乘客相当于投资者在买股票时选股,要了解标的股票的一切,尤其是它们可以涨多少、涨多久。

司机重视载客时间、地点,不就是投资者入市要知道行情在什么位置、何时进、何时出吗?另外,司机的成本概念也提醒我们,做股票要会衡量资金成本与获利、亏损的关联,做好资金规划。

在很多人眼中,开出租车是小事一桩,但是,要做到极致并成为赚钱高手却并不容易。投资人在股海中浮沉、与风险相伴,要想胜出获利、累积财富,可以效法这位司机,把股票投资做到极致,方法就是学习、观察、研究、体验,并且力行不辍。

我的老朋友郭泰就是个中典范。他从对股市一无所知,到如今成为抄底大师,在股市中累积了可观的财富。正是经过 30 多个年头不断学习、研究,并下海拼搏,他才从一无所知变成大师。

郭泰兄是个乐于分享的人,乐于分享在这 30 多年中不同阶段的研究心得、实战体验，出了数本能够边学习、边操作的经典之作，如今推出的这本经典，既适合初入股市者从基础开始扎实学习，也适合已有股票投资经验的人精进功力，减少失误，增加胜算。

全书分12堂课，依我在投资理财圈接触股市相关投资（含股票、基金）近40年的经验，我倒是建议初入股市的人不必急着上第一堂课"苦读20本经典，拿股票系学位"，因为有些人可能会因此被吓跑。不妨从第二堂课开始，先确定要成为哪种派别的投资人、先认识自己，然后再挑选相应的课程努力学习。第一堂课所列的20本股票经典著作，我觉得可以在实际入市操作股票时研读，以尽力而为的原则，试着像作者郭泰一样全数苦读完成。

走笔至此，我想起有香港"平民股神"之称的老曹（曹仁超），他曾说过，股票市场是最严格的老师，总强迫我们去思考、去面对，考验我们的能力，并且不断攻击我们性格上的弱点，而性格会决定在股市中拼搏的胜负或胜算多寡。

所以，在学习郭泰的这12堂课的同时，建议读者最好能进入股市接受考验，辅以本书所学，磨炼可以提升胜算的性格。身在市场也可时时验证书中郭泰经历30多年所总结的操盘精髓，做必要的自我调整。

最后，再引用老曹的一段话作为结束语："成功的投资者

推荐序一 股票投资的极致法则

无须在市场上百战百胜,只需遵守一个投资计划,奉行一套观念和系统,严守纪律,并戒除贪念与恐惧。"好好研读这本书,绝对可以帮助你达成目标。

推荐序二
海纳百川，集大成之作

安纳金｜《散户的50道难题》《高手的养成：股市新手必须知道的3个秘密》系列畅销书作者

拜读郭大侠这本著作，我深深体会到武学三境界"见自己、见天地、见众生"的奥义，其在投资世界里一体适用。

"见自己"：投资门派百家争鸣，并没有哪一派是绝对最好的，只有最适合自己的。每一位投资人都必须先清楚了解自己的风险承受度，选择自己信奉的投资哲学，使用自己最合适的投资工具，建立属于自己的进出依据。这一整套方法必须搭配得宜才能取得效果，也是每个人最终能否在投资市场获得良好报酬的基础。此书在几个章节中都提到了不同派别的比较，目的不是要证明抄底派有多好，而是帮助读者认清"没有最好，只有最适合"的事实，以达到"见自己"。

"见天地"：当投资人充分了解自己的投资习性及适合的投资方法后，接下来就要通过大量阅读或拜师学艺，拓展自己在投资领域的见识。许多人想要单靠学会一招打遍天下无

推荐序二　海纳百川，集大成之作

敌手，绝对是痴人说梦，因为如今的金融海洋浩瀚无垠，投资工具不断推陈出新，交易平台也不断进化，真正的高手都是终身学习者，不会故步自封，他们在既有的知识和能力之上不断吸收新知，跟随市场而变化。此书罗列过去百年来投资领域的数十本经典之作，就是帮助大家增长见识，以达到"见天地"。

"见众生"：我非常认同作者所说，真正的股市高手，不在于你是否操盘必胜，不在于你是否开名车、住豪宅，不在于你是否很有钱、很有名，而在于你是否愿意不计名利为芸芸众生做一点事情。过去20多年，我在金融市场看到许多人曾经赚到钱，也看到许多人赔钱收场，较少人单靠投资获得财富自由并得善终。德国股神安德烈·科斯托拉尼（André Kostolany）是其中少数的典范之一，他早期是投机交易派，自己赚得盆满钵满就好，到了晚年却加入中长期投资者的行列，并在巴黎的咖啡馆无偿为投资人解答问题，这就是"见众生"的典范。

郭前辈已经是著作等身的资深作家，书中许多经验之谈是以长辈慈祥的口吻，孜孜不倦地为投资者加油打气。例如有一段说道："撰写看盘日记非常重要，那是一种读完经典后内化的过程。经典读过之后，经典是经典，你还是你，只有通过撰写看盘日记，你所读过的20本经典才会穿越时空，进入你的血液，与你的灵魂交融，变成你自己的东西。我知道这一堂课很难，如果你一时还写不出来，别气馁，这是正常现象，表示你仍未融会贯通，这时再回去好好温习前面的第一至第八堂课。"这是何等的宽容与慈悲呀！这样的温馨絮语，在此书许多章节处处可见。

很荣幸能为郭前辈此一大作撰写推荐序，我极力推荐此书，也祝福拿起此书的您，最终能和作者一样达到"见自己、见天地、见众生"的境界。

愿善良、纪律、智慧与你我同在！

推荐序三
股市长期赢家的实践与修炼

龚招健｜《Money 钱》杂志主笔

2009 年我曾采访郭泰，当时他的新书上市，谈的是他在 2008 年全球金融危机爆发之后，在台股抄底的成功经验及判断依据。他钻研国内外投资经典的用心与诚恳的谈吐给我留下了深刻印象，后来我不时会向他请教，与他切磋。

郭泰学新闻出身，当过报社记者，也曾自行创业、在企管顾问公司担任高阶主管，接触面广，很有探究、学习新知的热忱。39 岁时他毅然转型成为作家，把自己的学习心得、研究精华分享给读者，《抄底大师炼金绝学：股市磨剑 30 年的 12 堂高手课》这本书便是他过去数十年在股市投资的理论基础及实战心得。

要在股市中赚钱，除了领股利（股票及现金），就是赚价差，赚价差比领股利更让人着迷。大多数的投资人习惯做多，如果股价能长期上涨，每年迭创新高，要赚价差就不难。

但以台股为例，能长期持续上涨的股票其实不多，而所有的公司股价都会出现波段式的涨跌循环，郭泰的这本书就是要告诉读者，他是如何掌握股价的波段低点与高点，借此买低卖高赚价差的。

股票在每个交易日都会有高低点，但除非投资人能够实时精准分析（难度很高），不然这个价差看得到却吃不到。不过，如果把时间周期拉长，例如三个月或半年，股价高低点的波动就比较有脉络可循。很多投资赢家就是采取这种波段操作，每个波段报酬率从二至三成到一倍以上都有可能，郭泰在书中称之为"小抄底"。

郭泰擅长大抄底，也就是在股市大崩盘落底之后，以很便宜的价格（长线底部区）进场投资，但这种机会不常有，过去平均要隔7~10年才有机会碰到一次。2008年全球金融危机爆发后，美国带头大幅降息，实施量化宽松（QE）货币政策，各国政府通过各项政策支撑股市成为新常态，使得股市大崩盘的概率降低，或者说股市大崩盘的时间点得以延后。

在超宽松的低利率环境下，投资人在股市大抄底的机会变少，但却造就了许多小抄底的机会，本书便有一章专门探讨小抄底的诀窍，值得参考。

台股大盘从2021年7月中的18 000点历史新高拉回，何时会落底？其实，不同个股、类股的落底时间不尽相同，投资人可以运用本书提到的观察指标，试着判断落底条件是否

推荐序三　股市长期赢家的实践与修炼

成立，是小底，还是大底。在等待落底的过程中，要很有耐心，而买进股票之后，也是要有耐心才能赚到较大波段的价差，这就是本书中所提到的"股道酬忍"，但说来容易，做起来难，贵在实践，需要不断地修炼。

要成为股市长期赢家，除了吸收大师精华，还要心存谦卑，以市场为师，终身学习，审时度势，不被过往经验捆绑；过往成功的投资经验，在新的时空环境下，甚至可能造成误判。例如，台股大盘过去长期无法有效突破万点，几乎每次涨到万点之后就崩盘，"台股万点是天花板"成为许多资深投资人的刻板印象，但这个刻板印象显然已不合时宜。

股价的涨跌，主要反映市场信心（情绪）与资金动能（所以不能小看美国在新冠疫情暴发后推出无限量 QE 及广发纾困支票的威力），群众心理层面的因素影响很大，所谓的"便宜价、合理价、昂贵价"没有标准答案，但参考投资大师采用的评估原则与经验，加上实战经验的累积，就可以慢慢摸索出心得，相信这本书会大幅缩短投资人摸索的过程。

推荐序四

一本带你出坑的股市必读指导书

唐丰山 | 专职投资人

2021年6月21日，货柜三雄（长荣海运、万海航运、阳明海运）确定纳入台湾50指数，三大法人争相补足持股，兴起了一波航海时代的高潮。这也吸引了一群初入股市的小白争相抢当水手，但大部分人因为毫无交易概念，造成七八月掀起一波券商大量违约交割潮。交易阵亡周期夸张地缩短到仅短短一个月。

股市交易之路又暗又黑且极度凶险，需要以"书"为师或以"人"为师，但明师难寻，"冥师"却充斥人间。若有福报深厚者，纵遇明师，却可能因本身基础不够而问不出好问题，旋得旋忘。所以，以"书"为师便成为学习股市交易最好的快捷方式。

认识郭老师起源于他"以善见众生"的人生哲学，其于

推荐序四 一本带你出坑的股市必读指导书

网络上热诚分享他 30 多年的丰富交易经验，从《抄底大师炼金绝学：股市磨剑 30 年的 12 堂高手课》一书更能一窥他为人处事的恩慈信实。

他悉心为读者剖析如何以最小阻力进入股市，并建议苦读各大学派的经典著作后，找出适合自己个性的方法。然后又深入分析大股东大量调节自家股票的时机，以及主力不明晰时的交易手法。他事先为读者发掘市场陷阱，不吝分享他个人在大小抄底的抱股位置，以及可调节加减码的时间顺序，并期许读者能在经历完整的多空循环波浪后，成为一位成功的交易者。

他更大方地分享自己如何在日常交易后，写出一份效用最大的看盘日记。因为股市永远没有新鲜事，任何走势只不过是历史事件重复发生，以手写日记为鉴，便可明白损益得失。

每个人至少需要学会一种投资理财方式，才能无所畏惧地放手去做此生认为最有意义的事。而这种理财方式会化为钱，成为你的"分身"，并为你的工作赚钱。学会的理财方式愈多，便拥有愈多"分身"，一如书中的复利。学习投资越早开始越好，相信这本书能清楚地指引你。

推荐序五

股海胜出，唯有顺势而为

杨礼轩｜算利教官、专职投资人、淘股网创办人

受邀为前辈郭大侠的这本书写推荐序，倍感荣幸。论抄底这个功夫，我们耳熟能详的就是郭大侠了。他将这本书划分为12堂课，看完之后有如阅读《孙子兵法》般畅快。

第一堂课介绍了20本股票必读经典书，如同《孙子兵法·始计篇》所言："夫未战而庙算胜者，得算多也；未战而庙算不胜者，得算少也。多算胜，少算不胜，而况于无算乎！吾以此观之，胜负见矣。"在股海中，若不能事先做好研究，而想凭借运气获得胜算，那就是缘木求鱼，你在下手前基本上就决定了这一把的胜负。

本书详述了存股派、抄底派、短线价差派的各种操作方式，尤其是主力的手法与郭大侠的抄底功夫，更是将各派别的应用都融合在一起。那么，抄底应该注意哪些指标呢？郭大侠虽然在股海有着丰富的资历，但他依然谦逊地吸纳各家理论，并将之应用于操作技巧上，如《孙子兵法·虚实篇》

推荐序五　股海胜出，唯有顺势而为

所言："夫兵形象水，水之形，避高而趋下；兵之形，避实而击虚。水因地而制流，兵因敌而制胜。故兵无常势，水无常形，能因敌变化而取胜者，谓之神。"股市之所以迷人，就是因为各种因素变化万千，因此，要在股海中胜出不应墨守成规，唯有因势利导、顺势而为，方能获得先机。

读完本书，深感自己所学仍有不足，诚挚推荐给大家。

推荐序六

老手、新手必读宝典

苏松泙 | 平民股神、作家、专职投资人

我是1951年出生的,那个年代几乎没有一本财经书可以看,即便在2011年我出版了《平民股神教你不蚀本投资术》系列书之后,我也一直没有看过国内外任何的财经书。2016年我去西班牙旅游时,在机场书店看到很多财经书,有一本书很让我惊艳,作者是郭泰,书名是《逮到底部,大胆进场:学会用11个讯号赚股市的大钱》。我买了这本书带到飞机上看,这是我买的第一本财经书。

《抄底大师炼金绝学:股市磨剑30年的12堂高手课》是郭泰先生超过30年股市操盘经验的集大成之作,他在书中写到"赚足整个波段",这可是在股票市场提款的最高境界!本书内容扎实,既是新手进入股海必读宝典,也是老手每一次闪避股灾的必胜好书。

自序
三十三年磨一剑

在股海中，我们常常踽踽独行，那是一种孤寂、一种无奈，也是必要的修行。

1988年，我投入台湾股市，当时对股市一无所知，那一年我42岁。

1989年，我写出《股市实战100问》，这奠定了我在股市的基本功，那一年我43岁。

1997年，我写了《股市操作100诀》，仍在磨炼基本功，那一年我51岁。

2002年，我完成《台股指数期货100问》，那是操练马步，那一年我56岁。

2008年，我写出《逮到底部，大胆进场：学会用11个讯号赚股市的大钱》（简称《逮到底部，大胆进场》），这是重大突破，述说如何在股市循环之中抄底卖头，赚取惊人的利润，那一年我62岁。

2012年，我创立"位置理论"，这是里程碑，并把它写

抄底大师炼金绝学

股市磨剑 30 年的 12 堂高手课

在《看准位置，只赚不赔：掌握投资 11 大关键理论，买股不受伤》（简称《看准位置，只赚不赔》）一书之中，那一年我 66 岁。

2021 年，我完成《抄底大师炼金绝学：股市磨剑 30 年的 12 堂高手课》，这是我 33 年来集大成之作，这一年我 75 岁。

本书的完成纯属意外，原本我只是抒发自己对"股市高手"的一些看法，并将其陆陆续续发表在我个人脸书上，与网友共享。写着写着一年多下来，竟然涓滴成河，成为意外集大成之作。

根据我 33 年的观察，在股市要成为高手，大概只有两个途径：一是苦读经典，开悟成才；二是遍访名师，拜师学艺。我已经把第一个途径写进本书的第一堂课"苦读 20 本经典，拿股票系学位"之中，并把第二个途径写进本书的第十堂课"遍访高手，拜师学艺"之中。

在本书中，我把股市高手区分为存股派、抄底派、短线价差派，究竟要成为哪一派，悉听尊便。其实，不论哪一派，只要适合自己的就是最好的。存股派要好好去读第二堂课与第四堂课，抄底派要好好去读第二堂课与第六堂课，短线价差派要好好去读第二堂课、第五堂课与第十二堂课。至于第七堂课、第八堂课、第九堂课、第十一堂课，无论哪一派都要读。

自序 三十三年磨一剑

还有,千万不要忽略真正在股市赚到大钱的大股东,关于这点,请好好读第三堂课"谦卑地向大股东学习"。

抄底是我的信仰。写完本书,个人最大的收获是从大抄底顿悟到小抄底,小抄底就是谋取 3~6 个月的短线价差。意外的是,小抄底竟是另一片天地,其获利可以媲美大抄底。我已经把这一段美妙的经历写进第二堂课、第五堂课以及第十二堂课。

写完此书,百感交集。欣喜的是,完成了集大成之作;感叹的是,33 年的汲汲营营终将结束,所幸留下了上述 6 本书,否则 33 年除了追逐钱财,岂非一场空?

目 录

第一堂课　苦读 20 本经典，拿股票系学位 …… 1
股市高手分为存股派、抄底派、短线价差派三大派别，不论哪一个派别，都必须好好精读这 20 本经典，这是成为高手最起码的投资。

第二堂课　决定成为存股派、抄底派或短线
　　　　　价差派 ……………………………… 25
当存股派？或抄底派？或短线价差派？只要适合自己的就是最好的。存股派与抄底派好比少林与武当，短线价差派则是华山，只要运用得当，均能获取大利润。

第三堂课　谦卑地向大股东学习 …………… 35
在股市里真正赚到大钱的，不是投顾老师，也不是投资机构，更不是一般散户，而是若干绩优上市公司的大股东。当股价在底部区附近时，若有大股东敢大笔敲进，无疑是给了我们考虑跟进的重要信息。

第四堂课　抱股是存股派与抄底派的共同特质
································· 47

无论存股派或抄底派，要赚到大钱，都必须具备抱股的特质。位置理论是我在股市中的创见，抱股配合位置理论来使用成效最佳。

第五堂课　停损与停利应随时谨记在心 ········ 59

对于短线价差派而言，停损与停利同样重要，停损能以小亏损平安离场，而停利则能确保每次的利润，集多次的小利润为大利润。

第六堂课　位置的奥秘是高手必修的学分 ······ 71

投资人在投钱入股市之前，一定要搞清楚股价目前所处的位置。若没弄清楚股价所处的位置就随意出手买进，常会被修理得非常凄惨。

第七堂课　洞悉主力操盘的过程与手法 ········ 83

任何一只股票的飙涨都离不开主力的拉抬，不论他们是谁，你都必须对他们有一定程度的了解，这样才不会被他们玩弄于股掌之间。

第八堂课　一定要历经空头市场的洗礼 ········ 99

多头市场时间长，空头市场时间短，台股每次循环皆是如此。历经空头市场的洗礼之后，侥幸存活的投资人才能在股票市场中从小学生逐渐长大成人。

目 录

第九堂课 每天写看盘日记 …………………… 113

撰写看盘日记非常重要，那是一种内化的过程。只有经由撰写看盘日记，你的经历与判断才会穿越时空，进入你的血液，与你的灵魂交融，变成你自己的东西。

第十堂课 遍访高手，拜师学艺 …………… 129

在股市要成为高手，大概只有两个途径：一是苦读经典，开悟成才；二是遍访高手，拜师学艺。而遇见高手是难得的机缘，一定要好好把握。

第十一堂课 揭开本间宗久 K 线的奥秘 …… 141

从 K 线中可以看出多空买卖双方力道的消长、市场主力操作的方向，以及股市中上涨、下跌、盘整等三种不同行情的变化，分析出股价的未来走势，进而决定买或卖的最佳时机。如今 K 线已经成为投资大众最重要的股票技术分析工具。

第十二堂课 从大抄底演进到小抄底 ………… 199

从大抄底转向小抄底，视野变宽了，机会变多了。仅仅观念上的小转变，却产生了操作上的大创新。

跋　高手的情怀 ………………………………… 218
参考书目 ………………………………………… 220

抄底财讯
抄底投资前沿资讯，把握财富先机！

案例解密
抄底案例深度解析，揭秘成功密码！

投资入门课
投资入门课程，零基础也能变高手！

财报分析课
财报分析课程，洞察企业真实价值！

扫码获取 **抄底大师的投资"金钥匙"**

打开财富之门，纵横股市稳操胜券

第一堂课

苦读 20 本经典，
拿股票系学位

股市高手分为存股派、抄底派、短线价差派三大派别，不论哪一个派别，都必须好好精读这 20 本经典，这是成为高手最起码的投资。

抄底大师炼金绝学
股市磨剑 30 年的 12 堂高手课

台湾的大专院校商学院没有开设股票系，这是我突发奇想自己设立的。

根据我在股市浸淫 30 多年，并出版 6 本股票书籍的经历，我把股市高手区分为存股派、抄底派、短线价差派等三大派别。我认为，不论哪一个派别，都必须好好精读下列这 20 本经典。

必读的 20 本股票经典书

第一本：本杰明·格雷厄姆（Benjamin Graham）的《聪明的投资者》（*The Intelligent Investor*）

本书乃价值投资的经典，虽问世已逾 70 年（1949 年出版），但丝毫不减其经典地位。

格雷厄姆教导投资人要分清楚股价与内在价值之间的差别，主张投资人要买进"股价"低于"价值"的股票，而且买入的价格越被低估越好，因为"价格"与"价值"之间的缺口，就是投资安全的保障，不符合上述条件的投资行为即属于投机。

他把投资人区分为防御型投资人与积极型投资人。前者指的是平时工作繁忙、无暇精研股票的上班族，后者指的是专业型投资人。格雷厄姆针对不同类型的投资人，分别设计

第一堂课　苦读 20 本经典，拿股票系学位

了一套投资法则来协助他们。

第二本：彼得·林奇（Peter Lynch）的《彼得·林奇的成功投资》（*One Up on Wall Street*）

林奇被《时代》（*Time*）杂志推崇为首屈一指的基金经理人，他在1977—1990年这13年间管理麦哲伦基金（Magellan Fund），基金资产规模从原有的1 800万美元，以平均每年成长75%的速度飙升到140亿美元，并成为当时全球最大的股票基金。

林奇把投资心法都写在《彼得·林奇的成功投资》《战胜华尔街》（*Beating the Street*）及《彼得·林奇教你理财》（*Learn to Earn*）这3本书中。

对于以抄底为信仰的我而言，《战胜华尔街》一书中所言的"想要抢进最低价，就像在河底钓鱼，这是投资人最流行的娱乐，但结果上钩的却往往是钓鱼人本身"有很大的警示作用。

每次在抄底时，我的脑海里总会不由自主地响起林奇的一句忠告："如果等到刀子掉落地面，完全静止后再去捡，这样总是比较好吧！"

> 格雷厄姆主张，投资人要买进"股价"低于"价值"的股票，他坚持的原则就是物超所值。

第三本：戴维·克拉克（David Clark）的《查理·芒格的投资思想》（*The Tao of Charlie Munger*）

伯克希尔·哈撒韦（Berkshire Hathaway）副董事长查理·芒格（Charlie Munger），表面上是沃伦·巴菲特（Warren Edward Buffett）的事业伙伴，其实更像是巴菲特的经营导师，巴菲特曾公开说："伯克希尔是根据查理制定的蓝图来构建的，我不过是总承包商罢了。"

克拉克是著名的财经作家，他搜集了芒格多年的访谈记录、演讲稿，以及芒格在伯克希尔公司股东会议上的问答，并写成了138则智慧语录。

我是抄底的信仰者，我最服膺第三十五则"等待"："等待有助于你成为一名投资人，而许多人就是无法忍耐等待。"还有第十九则"耐心"："我成功是因为我的注意力特别持久。"此两则语录教会我买股票要忍耐和等待，不论大抄底或小抄底，直到抄底的那个点到来才出手。

芒格在第七则点出格雷厄姆无法长抱股票的错误，并且在书中提及了通用汽车（GM）、伊斯卡（Iscar）、富国银行（Wells Fargo）、麦当劳（McDonald's）等4家公司。

芒格所阐述的"耐心等待"，与我的抄底理念"股道酬忍"可以说不谋而合。"股道酬忍"乃是我在股市摸索30多年之后的深刻体悟。常言道：天道酬勤、地道酬善、人道酬诚、商道酬信。最后我加一个"股道酬忍"。

第四本：马克斯·贡特尔（Max Gunther）的《苏黎世投机定律》（*The Zurich Axioms*）

"苏黎世投机定律"是由瑞士证券和期货投机俱乐部所创，他们认为没有人能靠薪水致富，只有在股票、期货、贵重金属、艺术品及古玩上的投资才可能致富。

全书译本只有薄薄的 148 页（台湾译本），书中列举了 12 项主要定律和 16 项次要定律，我认为下面 12 点很有价值：

第一，论风险：踏入投资，步入股市，必须勇于承担风险，才会有致富的机会。

第二，论贪婪：在股市中别想从鱼头吃到鱼尾，即赚到全波段的利润。在相对的底部买进之后，有不错的阶段性获利就要走人。

第三，论希望：相信股价一定会循环。当盘势走空时，千万不可摊平，那只会越摊越平，最好的方法是停损（止损）走人。

第四，论预测：股价未来的走势根本无法预测，股市里所有专家的预测都是"拆"与"猜"，前者是拆解，后者是猜测。

第五，论条理：发财致富既没有定律，也没有公式，投资股票亦是如此。

第六，论灵活：投资不可念旧，对已经没有投资价值的股票千万不可念旧。

第七，论直觉：对于不可以解释的预感或直觉既不应藐视，也不应完全信任，而应合理加以剖析后再去应用。

第八，论神秘主义：不可能借由上帝或超自然的力量致富。

第九，论乐观与悲观：乐观有益于健康，但无益于股票投机。

第十，论群众：真理通常是由少数人发现的。股票的最佳买进时机就是大多数人说"不可以"的时候。

第十一，论顽固：在股票市场里，不要固执地迷恋一枝花。

第十二，论计划：长期投资是一项大赌博，若能依技术分析大师拉尔夫·N. 艾略特（Ralph N. Elliott）的八段波浪理论进行波段操作（指的是在第一、第三、第五、第七等4个波段做多），是比较稳当的，我称之为"小抄底"（在空头行情时称之为"反弹"）。

第五本：安德烈·科斯托拉尼（André Kostolany）的《一个投机者的告白》（*Die Kunst über Geld nachzudenken*）

科斯托拉尼是欧洲著名的投资大师，有"德国巴菲特"之称。他为人幽默，嘲讽自己是个投机者，著有《一个投机者的告白》《金钱传奇：科斯托拉尼的投资哲学》（*Kostolanys*

第一堂课　苦读 20 本经典，拿股票系学位

Beste Geldgeschichten）《大投机家的证券心理学》（Kostolanys Börsenpsychologie）等 3 本脍炙人口的作品。其中《一个投机者的告白》是我的最爱，台湾初版发行于 2002 年 1 月，至今的销量听说已达 80 万册，十分惊人。

从 80 年的股市实战经验中，科斯托拉尼总结出三点宝贵的结论：一是在股市投机没有任何科学公式，因为它是一门艺术，讲究的是经验与天分，只有依靠丰富的实战经验，才能知道何时该买、何时该卖；二是在股市所赚的大钱往往不是靠脑袋，而是靠坐功；三是行情来自战争与和平或经济增长。

科斯托拉尼的投机三书我都一再拜读，其中《一个投机者的告白》最精彩，书中的科氏鸡蛋图价值连城，它让我知道了股价一定有循环，买进的那个时间点就决定了赚赔。

另外，书中男子与狗的比喻（男子是经济，狗则是证券市场），货币+心理=趋势，耐心是证券交易里最重要的东西，暴涨和崩盘是分不开的搭档，"逆向"是成功的要素等观点都十分精彩，发人深省。

科斯托拉尼富裕、优雅、从容，他认为许多东西比钱财更重要，比如享受美食、上等的葡萄酒、音乐等，但这些都要靠足够的金钱才能达成。他对钱财有下列五点精辟的看法：

第一，虽然没有人谈钱，但每个人都想着钱。

第二，股市投机中赚的是痛苦钱，必定先有痛苦，然后才有钱赚。

> 股市所赚的大钱不靠脑袋，全靠坐功；坐功的意思就是长期的忍耐。

第三，钱财能弥补丑陋与残疾的遗憾。

第四，如果女人因为钱而爱上男人，他认为并不可耻，因为钱财代表其成就，所以她会受到吸引。

第五，在柜台清点每天赚进的大把钞票，会使人蠢蠢欲动。

第六本：是川银藏的《股市之神：是川银藏》

是川银藏是日本股市的传奇人物。他在1927年30岁的时候，因遭受金融危机的波及而破产。之后他在图书馆苦读3年，潜心研究日本经济与股市，而后就以自修苦读的宝贵心得分析行情、进出股市。

1931年34岁时，他进入股市，以70日元起家，因能分析未来经济走向，不久即获得百倍的利润，而后其在股市无往而不利。

1977年因看准水泥的走势，他投资日本水泥赚进30亿日元，1982年更因抄底住友金属矿山的股票大赚200亿日元，成为日本股票所得最高的人，并荣获"股市之神"的美誉。

是川银藏只是小学毕业，完全依赖那3年的苦读而脱胎换骨，他是苦读成为高手的典范。他最重视经济的趋势与时代的潮流，曾因看出美国将于1933年4月废止金本位制的利空，事先出脱股票而声名大噪。

下列五点为是川银藏的投资哲学：

第一堂课　苦读 20 本经典，拿股票系学位

第一，苦心钻研未来大有前途的潜力股，并阶段性持有，绝不相信别人的推荐。

第二，不但要能预测未来一至两年的经济走向，而且要盯牢每天股市行情的变动。

第三，不要以为股市会永远涨不停，每只股票都有其适当的价位，当股票超涨时，切忌追高。

第四，股价最后必须由业绩来决定，作手硬炒的股票撑不久，浅尝即止，长抱不得。

第五，投资股票永远存在风险，必须有危机意识。

第七本：埃德温·勒菲弗（Edwin Lefèvre）的《股票作手回忆录》（Reminiscences of a Stock Operator）

此书乃是美国华尔街传奇作手杰西·利弗莫尔（Jesse Livermore）的传记，作者勒菲弗是名噪一时的传记作家，他借此书还原了当时最伟大的作手利弗莫尔。英文版出版于 1923 年，出版至今已 1 个世纪，历久不衰，已成为股市新手的启蒙书。

利弗莫尔买卖股票，也操作棉花、玉米、小麦等农产品期货，一生中八落八起。1907 年，他因放空美股赚进 300 万美元，引发美股崩盘；1929 年，美股大崩盘时，他倾其所有放空美股，大赚了 1 亿美元，当时美国一年的税收也不过 42 亿美元。

台湾版全书共有 24 章，其中较有价值的是下列章节：

第一章：华尔街没有新鲜事，华尔街从未改变，也永远不会改变，因为人性永远都不会改变；重要的是要学会解盘，操作系统（并非操作股票）。

第三章：你的对手并非股价而是股市，因此要对大盘永远怀抱敬畏之心。

第四章：全世界最好的老师就是亏损。

第五章：底部买进之后，切记抱牢持股（老火鸡的忠告）。

第八章：趋势才是最可靠的朋友。

第九章：赚大钱的方法就是在正确的时机做出正确的行动，亦即耐心等待市场转折点出现时断然出手。

第十章：股价会沿着抵抗力最小的路线行进。

第十四章：投机客既不效忠多方，也不效忠空方。

第十六章：听信明牌，愚蠢之至。

第十七章：看盘全凭经验、观察、记忆以及数字。

第十九章：投机者的成功，建立在人性的恐惧与贪婪的基础之上。

第二十一章：顺势而为就是股市不败的真理。

第二十三章：一只股票跌跌不休时，不是市场有问题，就是公司出问题。

第八本：马克·米勒维尼（Mark Minervini）的《股票

魔法师》（*Trade like a Stock Market Wizard*）

作者在书中提出他总结的超级强势股的五点特定进场点分析（Specific Entry Point Analysis，SEPA）：

第一，趋势（Trend）。

第二，基本面（Fundamentals）。

第三，催化事件（Catalyst）。

第四，进场点（Entry Points）。

第五，出场点（Exit Points）。

还有，本书最精彩的部分，乃是作者对成长型股票4个生命周期的生动解说，这是顺势交易的内容，值得一读再读。

第一，平台整理，波澜不惊：经常被忽略的第一阶段。这是主力吃货的阶段，作者认为应避开此阶段。

第二，发动攻击，涨势明确：每每爆量上攻的第二阶段。作者建议勇敢在此时买进，股票买进的正确价格，就是股票刚起涨的价格。

第三，涨势趋缓，明显做头：毅然出脱的第三阶段。此时盘势最明显的现象是，行情发动以来单周最明显的下跌。此时一定要卖出持股。

第四，利空频传，跌势确立：盘势走空的第四阶段。此时盘势最明显的现象就是价跌量增、价涨量缩。

此外，作者在书中特别阐述了风险管理的重要性，他提醒投资人，除了在对的时点买进有成长潜力的股票，也要知道何时该获利了结，何时该停损出场。

第九本：杰西·利弗莫尔的《股票大作手操盘术》（*How to Trade in Stocks*）

前面介绍过的《股票作手回忆录》乃是别人为杰西·利弗莫尔所写的小说体传记，而本书则是利弗莫尔亲自操刀完成的操盘手册。

剖析杰西·利弗莫尔，他既非基本分析派，也不是技术分析派，应该算是股价趋势派；不论操作股票或大宗商品，也不论做多或放空，他一定等到趋势确立、关键点出现之后，才会放胆加码，一直到资金用完为止。他秉持的重要理念就是：股价会沿着抵抗力最小的路线行进。

他一生操盘恪守三个心法：

第一，非常重视时机的掌握。他总是耐心等待股价的转折点出现才出手。

第二，遵守风险管理。不论做多或放空，当他发现自己看错行情、亏损达10%时，立刻停损出场。

第三，情绪管理。他每天过规律的生活，让自己永远保持冷静、耐心及孤独。他建议任何有心在金融市场投机的人以事业待之，全力以赴。

第十本：约翰·迈吉（John Magee）与人合著的《股市

趋势技术分析》（*Technical Analysis of Stock Trends*）

本书英文版于 1948 年问世，迄今已逾 70 年，为技术分析之父迈吉的经典之作，全球售出数百万册，只要提到技术分析必读经典，非此书莫属。

迈吉技术分析的理论基础，主要来自下面十点道氏循环理论（Dow Theory）：

第一，大盘的股价指数会反映所有的信息。

第二，大盘的走势有三，一是主要趋势，二是次要趋势，三是小型趋势。

第三，主要趋势指的是多头市场的上升走势，或是空头市场的下跌走势，无论多头或空头，一般会持续一年以上（抄底成功后，抱牢持股一年）。

第四，次要趋势指的是多头市场的回调修正，或是空头市场的技术反弹，不论回调或反弹，其幅度通常是主要趋势幅度的三分之一至三分之二，而且期间大约三周到几个月（这是小抄底的根据）。

第五，小型趋势指的是短暂的行情波动，期间大约为一至三周，易受人为操控。

第六，多头市场有三个阶段。

第七，空头市场也有三个阶段。

第八，多头市场时，价涨量增，价跌量缩；空头市场时，价跌量增，价涨量缩。

第九，狭幅盘整可以取代次要趋势多头市场的回调修正或空头市场的技术反弹。此种狭幅盘整的时间愈长，价格区间愈窄，最后的突破愈有意义（平台整理的依据）。

第十，认定收盘价。道氏循环理论只采用收盘价，不考虑盘中的极端高价或低价。

书中其他重要的内容包括：K 线的反转形态、整理形态、跳空缺口、支撑与压力、趋势线与轨道线等。

第十一本：吉姆·斯罗曼（Jim Sloman）的《亚当理论》（*The Adam Theory of Markets or What Matters is Profit*）

本书是顺势操作的经典之作，由股市名人、技术分析"相对强弱指标"（Relative Strength Index，RSI）之父威尔斯·威尔德（Wells Wilder）于 1985 年以 100 万美元向作家斯罗曼购入。威尔德于 1987 年出版此书后，顿时洛阳纸贵，顺势操作成为当时美国股市的热门话题。

顺势操作的精髓就是追随趋势，投资人必须等到趋势确立之后才进场。换言之，股价已经明确上涨了，才进场做多；股价已经明确下跌了，才进场放空。

我从亚当理论中学到了操作必须由大抄底演进到小抄底。大抄底关心的是数年（台湾平均是 7 年）循环的摸头与抄底，而小抄底则必须忘掉循环中的头部与底部，而去掌握一年中某些股票的上涨行情（不论此上涨行情是回升还是反弹，通常时间是 3~6 个月）。

斯罗曼主张，赔钱的仓位绝对不要加码摊平。因为投资人若顺势操作，一定是看到股价已经明确上涨，才开始进场买股做多，如此操作是不会赔钱的；若投资人进场买股做多却赔钱，表示他既看错了方向，也做错了方向，因此绝对不要加码摊平，否则损失会更大。

斯罗曼是美国股市现象观察与身心灵方面的专家。他聪明过人，努力探索生命的本质与存在的意义，有超出常人敏锐观察事物的能力，除了亚当理论，股价的"对称现象"（The Delta Phenomenon，也叫三角洲理论）也是他深入观察美国股市之后的宝贵心得。

书中还特别强调要善设停损，无论多头做多还是空头放空，都必须善设停损；最大的好处是赚钱时是获利的一大波，亏钱时则是停损的一小波。

第十二本：古典的《跃迁》

根据字典的解释，"跃迁"指的是原子跳跃转变的过程：原子从一个能量状态跳跃式转变为另一个能量状态的过程。

再从字面上解释："跃"指的是一种跨越的姿态，"迁"指的是有别于过去、产生大变化的过程。"跃迁"乃是用跨越之姿，让自己产生大幅度的变化。其实，古典的《跃迁》就是一本绝佳的现代成功学。

我把此书列入经典之一，是因为书中描述大蟒蛇绞杀猎物的过程，神似我每次股价循环中的抄底。大蟒蛇的战略非常清晰：

第一，找到猎物丰盛之区：这很像我们在股价循环中找寻最恰当的位置。

第二，待在池塘边耐心等待：这很像我们每次抄底，必须以无比的耐心等待底部区的到来。

第三，机会来临，瞬间绞杀：每次股价循环的底部区到来时，要大胆地分批买进。

关于这三个过程，请参阅我撰写的《逮到底部，大胆进场》一书。

另外，作者在第二章提到"在高价值区，做正确的事"，跟我常说的"找到恰当的位置，乃是一生中最重要的事"可说是不谋而合。

还有，作者在第三章提到功利学习、联机学习、终身学习，要把知识变成有价值的东西，更是掷地有声。

研读第五章"内在修炼"，我更是获益良多。我深刻体悟到毕生要追求真善美，以"真"见自己，以"善"见众生，盼修得"美"见世间，我35年的写作是以"真"见自己，每年开班授徒则是以"善"见众生，最后盼望修得"美"（唐诗、宋词、书墙、陶瓷、美酒、佳肴）见世间。

第十三本：霍华德·马克斯（Howard Marks）的《周期》（*Mastering the Market Cycle*）

本书是价值投资大师霍华德·马克思继《投资最重要的事》（*The Most Important Thing Illuminated*）之后的重要著作，我认为这本书说出了投资股票时非常重要的两件事：

第一，市场有周期，股价有循环。

投资人在确定股价有循环后，从股价循环中寻找买卖点就变得极为关键。我认为阐述股价买卖点最清晰的，莫过于科斯托拉尼的鸡蛋图与艾略特波浪理论的八段循环。

从科斯托拉尼的鸡蛋图（图1-1）中可知，从Y点向上的上涨修正阶段是好的买点，从X点向下的下跌修正阶段是好的卖点。Y点也是我的长线抄底点。

从艾略特波浪理论的走势图（图1-2、图1-3）中，a、c、e、g、i是买点，b、d、f、h是卖点。a与i也是我的大抄底点，而c、e、g则是我的小抄底点。

大师炼金术——顺势操作就是追随趋势，趋势就是沛然不可挡的力量。

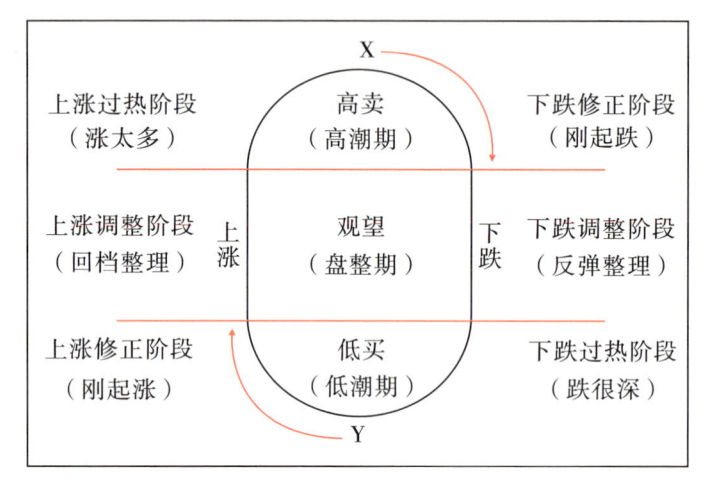

图 1-1　科斯托拉尼的鸡蛋理论

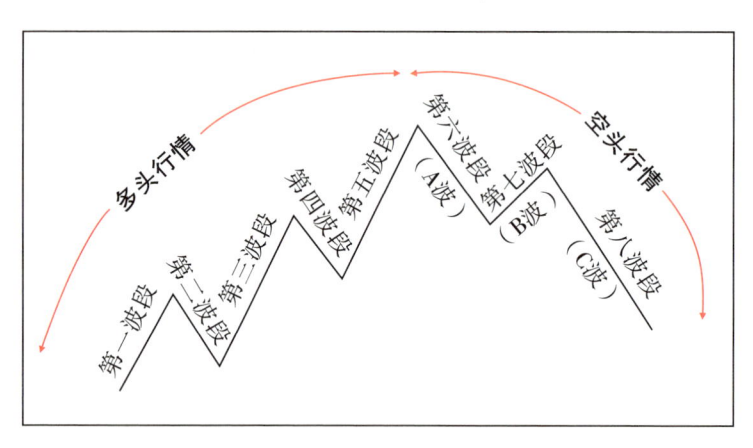

图 1-2　艾略特八波段的完整走势

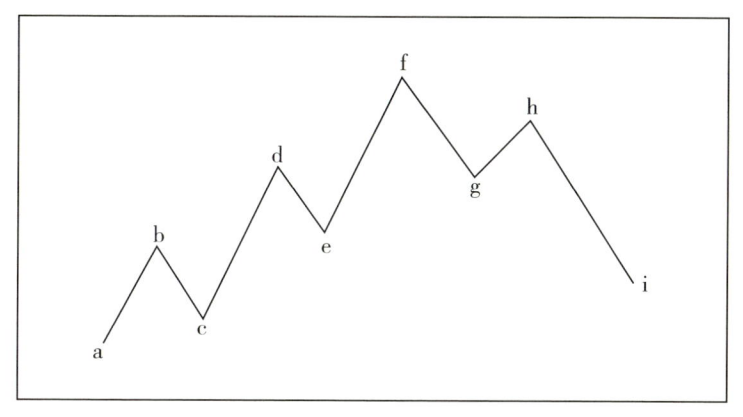

图 1-3　艾略特八波段的完整走势简化

第二，必须根据市场周期来调整资产配置。

金融市场里优异的基金经理人或对冲基金操盘手都深知在不同的市场周期（或市场位置），运用股票、债券、黄金等不同标的来做资产配置。从长期的观察可知，进行资产配置不仅可以分散风险，更是长期绩效优劣的关键所在。

第十四本：薛兆亨与Tivo 168的《五线谱投资术》

我推荐此书，是因为其操作模式非常适合短线价差派赚取短线的价差。其操作方法简便易行：根据股价趋势线的上方和下方各加减两个标准偏差，形成类似五线谱的五条线，而后在五线谱中进行操作。

第一，股价碰触到上面那条线即卖出，股价碰触到下面那条线即买进，从中赚取价差。

第二，此法类似 KD 线在短线的应用，即是用日 K 值来做短线，当日 K 值来到 10 即买进，当日 K 值来到 90 即卖出，从中赚取价差，这也是短线操作很好用的指标（参考《抄底实战 66 招》第 32 招）。

第三，作者还提出一个很棒的分批加码概念：买进股后，跌 10% 加码 10%，跌 20% 加码 20%，跌 30% 加码 30%，跌 40% 时全部买进。短线上涨时同理，涨 10% 卖出 10%，涨 20% 卖出 20%，涨 30% 卖出 30%，涨 40% 时全部卖出。此种分批买进与卖出，下跌时愈买愈多，上涨时也是愈卖愈多的原则，值得参考。

第十五、第十六、第十七本：安纳金的高手三书

安纳金的高手三书包括《高手的养成：股市新手必须知道的 3 个秘密》《高手的养成 2：实战赢家》《高手的养成 3（上）：老手不传之秘》《高手的养成 3（上）：高手不传之秘》。

安纳金是网络红人，亦是近年崛起的投资高手，不但资历深厚，是一名合格分析师（CFA 美国特许金融分析师），而且有 20 多年的操盘经验，难得的是历经了 2000 年科技泡沫与 2008 年金融海啸的洗礼，至今仍屹立不倒。

安纳金的高手三书必须对照来看，我的意思是从三书之中读出下面八个脉络：

第一，安纳金的修炼之路：《高手的养成：股市新手必须知道的3个秘密》第一章。

第二，新手必知的3个秘密：《高手的养成：股市新手必须知道的3个秘密》第二章。

第三，心法与心魔：《高手的养成：股市新手必须知道的3个秘密》第三章、《高手的养成2：实战赢家》第一章。

第四，市场微结构，这是短线法宝：《高手的养成2：实战赢家》第四章、《高手的养成3（上）：高手不传之秘》第一章。

第五，潮汐、波浪、涟漪，这是波浪理论精解：《高手的养成2：实战赢家》第三章、《高手的养成3（上）：高手不传之秘》第二章。

第六，波段操作：《高手的养成2（下）：实战赢家》第二章。

第七，投资与投机：《高手的养成3（下）：投资终极奥义》第三章、第五章。

第八，离场与大空头市场，这是华丽的转身：《高手的养成3（上）：高手不传之秘》第四章、《高手的养成：股市新手必须知道的3个秘密》第五章。

第十八、第十九、第二十本：郭泰的抄底三书

抄底的意思是，在每次股价循环的底部区买入。

抄底大师炼金绝学
股市磨剑 30 年的 12 堂高手课

郭泰的抄底三书包括《抄底实战 66 招：从台股赚一亿变可能》（简称《抄底实战 66 招》）《逮到底部，大胆进场》《看准位置，只赚不赔》，因为抄底是我的信仰，所以我撰写了抄底三书。

抄底大不易，是一种修行，台股 33 年来也只有 1990 年 10 月的 2 485 点、2001 年 9 月的 3 411 点、2008 年 11 月的 3 955 点这三次机会，至于 1987 年 1 月的 1 039 点，吃到的人少之又少，姑且不论。

《抄底实战 66 招》是抄底入门书，按理说应是抄底三书中最早出版的，实际上却是最晚出版的，于 2019 年 5 月才出版。

《逮到底部，大胆进场》是抄底进阶书，最早于 2010 年 1 月出版，有 80 小节，2018 年 6 月修订增至 100 小节。老郭卖瓜，这是抄底的经典，不但不能错过，还得一读再读。

《看准位置，只赚不赔》于 2012 年出版，是抄底理论书，书中阐述了股票的 11 个重要理论，包括价值理论、循环理论、位置理论、时间理论、筹码理论、弃取理论、顺势理论、停损理论、抱股理论、主力理论、选股理论。其中位置理论是我的创造性见解。我在这本书的自序中特别详述了我苦读 20 本股市经典之后开悟的过程，值得有心人深入体会。

我在每年的抄底班都会以这 3 本书为教材，要求学员在上课之前必须熟读此三书。而读这 3 本书必须有先后次序，须先读《抄底实战66招》，再读《逮到底部，大胆进场》，《看准位置，只赚不赔》不但是阅读前面两本书时的重要参考书，还是本书第九堂课"每天写看盘日记"的参考书。

特别值得一提的是，2020年我由大抄底演进到小抄底，大抄底追求的是平均7年（有时更久）才有一次的大牛市行情，而小抄底追求的是小级别3~6个月的反弹（或上涨）行情，大概掌握1~2倍的利润。我认为长线的大抄底搭配短线的小抄底，不但解决了出手频率的问题，而且可以让心情更加平顺，长短互补，互相支持，也能让资金发挥最大的功效。这在第十二堂课"从大抄底演进到小抄底"会详加讨论。

成为投资高手的最起码投资

建议读者把书找齐之后，全部买下来，假设每本均价为350元①，20本就是7 000元，这是成为高手最起码的投资。

书买齐之后，请依自己的程度与需要排列阅读的先后次序。可先定位自己是存股派、抄底派或短线价差派，其次依照个人喜好快速浏览20本书之后，再决定仔细阅读的先后次序。

---

① 新台币。如无特殊说明，后文中的"元"均为新台币。

抄底大师炼金绝学
股市磨剑 30 年的 12 堂高手课

接着就是闭门苦读。好好体会苦读中的"苦"字，意思是你得从一两成的懂，逐渐达到融会贯通的全懂。为了融会贯通，一定要本本精读、细读；其次，不能间断，读完一本又一本，悬梁刺股，持之以恒；要用想象力深刻体会是川银藏苦读成为高手的传奇经历。

我的经验是 2 周可读完 1 本，20 本需要 40 周，宽松一点，当成 1 年，不妨把它列为 1 年苦读 20 本经典的计划。

在读每一本书之时，不但要写眉批，还要写心得报告，因为只有写下心得报告才会真懂。我前面所写的心得报告仅供你们参考，相信你们会读出跟我不完全一样的宝贵东西。

我的苦读经验请参阅《看准位置，只赚不赔》第 22 页至第 29 页。坦白说，刚开始读没什么感觉，可是在持续半年之后，效果逐渐浮现，价值理论、循环理论、位置理论、时间理论、筹码理论、弃取理论、顺势理论、停损理论、抱股理论等逐一浮现。

根据我 30 多年的观察，在股市要成为高手大概只有两条路：一是苦读经典，开悟成才；二是遍访高手，拜师学艺（参考第十堂课）。这一堂课就是告诉你第一条路怎么走。

我诚恳邀请大家加入苦读行列，千万别小看苦读的功效，一定会有惊人效果，这相当于在大学修一个股票系的学位。预祝你们苦读成功！

第二堂课

决定成为存股派、
抄底派或短线价差派

当存股派？或抄底派？或短线价差派？
只要适合自己的就是最好的。
存股派与抄底派好比少林与武当，短线价差派则是华山，
只要运用得当，均能获取大利润。

根据获利方式的不同，股市高手大概可区分为存股派、抄底派以及短线价差派。

存股派及其代表人物

股票市场的获利来源主要有二：一是赚取股利，二是赚取价差。存股派赚取的是股利，依靠的是选股的功力。通常存股派高手的钱不会离开股市，但会依行情换持股。

"价值投资"（value investing）是存股派的中心思想，由20世纪30年代美国著名基金管理人格雷厄姆所创立。这套投资理论主要包括三个重要概念：

第一，格雷厄姆坚信，投资人若以低于公司实际价值（true value）的股价买进，长期持有必定获利。举例来说，净值为30美元的股票，投资人若以20美元买进，格雷厄姆坚信，股价在一段时间之后必定会升到30美元。

第二，格雷厄姆认为，价值投资符合安全边际效率（margin of safety）的原则，故能确保稳健获利。

评估股票安全边际的有效方法，格雷厄姆认为就是拿该股票过去几年的投资报酬率，与当时绩优债券的投资报酬率做比较。举例来说，假设当时绩优债券的年平均投资报酬率

第二堂课　决定成为存股派、抄底派或短线价差派

为5%，而该股票的年平均投资报酬率为7%，那么，投资人就拥有了比绩优债券投资报酬率高出2%的安全边际。任何一只股票若能连续10年均维持超过绩优债券5%的投资报酬率，不但安全边际较高，获利的概率亦高。

第三，格雷厄姆强调，采用评估安全边际效率的方法去投资股票，最适合一般散户。因为一般散户没有足够的能力去分析财务报表的真假，只要严守安全边际的原则去购买股票，就不会吃亏。

在《聪明的投资者》一书中，格雷厄姆为存股派列出了六项条件：

第一，年营业额超过1亿美元的民营企业，或年营业额超过5 000万美元的国有企业。

第二，公司流动投资产业至少是流动负债的1.5倍。

第三，过去10年，年年获利。

第四，过去20年，年年配发股利。

第五，本益比（市盈率）低于9倍。

第六，目前股价低于净值的1.5倍。

若用一句话来形容，即体质优良、长期获利佳、目前股价处于低档的绩优公司。

我在拙作《逮到底部，大胆进场》一书第二节列举了

> 大师炼金术
>
> 长线的大抄底搭配短线的小抄底，彼此互补，既能掌握长线的脉动，又能赚到短线的价差。

绩优股崩盘买进致富法，指的是每逢股市崩盘时，亦即在每次股价循环的底部区时，买进高殖利率（收益率）的绩优股后不卖，几年甚至几十年长期持有，在股票高配息利滚利的操作下，赚取惊人的复利利润。这正是存股派的标准做法。

股神巴菲特是价值投资的忠实信徒，当他深入分析发现某只股票的市价远低于真实价值时，立即大笔买进，长期持有。

巴菲特心中的真实价值包括公司净值、营运状态、获利能力、产业趋势、发展远景、经营者操守与能力等。他与格雷厄姆最大的不同在于，除了在乎公司净值、营运状态、获利能力之外，他也重视产业趋势、发展远景以及经营者的操守与能力。

近10多年来，台股走大多头，存股派当道，高手如云，我所知悉的有两座山、杨礼轩、李忠孝等人。另外，林奇也是公认的存股派高手，他所著的《彼得·林奇的成功投资》《战胜华尔街》《彼得·林奇教你理财》3本书均值得拜读。

抄底派及其代表人物

抄底派赚取的是长期价差，依靠的是抄底的功力。我在

第二堂课　决定成为存股派、抄底派或短线价差派

拙作《逮到底部，大胆进场》一书第二章列举出底部出现的 11 个信号，与第三章"底部进场买股的八个策略"，对抄底派而言，大有用处。

在台湾，主张抄底的专家似乎不多，自认为我是其中之一，还有安喜乐。我著有抄底三书，安喜乐是"全球商品抄底"网站的创办人。

对抄底派而言，我认为在本书第一章中列举的下面 11 本书必须熟读：

第一，《一个投机者的告白》。

第二，《股市之神：是川银藏》。

第三，《股票作手回忆录》。

第四，《股票魔法师：纵横天下股市的奥秘》。

第五，《股市趋势技术分析》。

第六，《亚当理论》。

第七，《跃迁》。

第八，《周期》。

第九，《抄底实战 66 招》。

第十，《逮到底部，大胆进场》。

第十一，《看准位置，只赚不赔》。

抄底派固然利润可观（平均约有 5 倍的利润），但也必须面对下列三大挑战：

> 大师炼金术
>
> 存股派的中心思想来自格雷厄姆的『价值投资』，他们坚持只买进物超所值的股票。

第一，抄底不易：通常新手怕上涨，老手怕摸底。新手见股价上涨，忍不住去追就套牢了，而老手喜爱摸底，常是摸底不见底，结果摸到了一条"大白鲨"。

第二，耐心等待：以台股为例，一个大循环见底平均约要7年，有时更长。以2008年为例，至今已走了将近15年多头仍不见底，一般人无此耐心长期等待。

第三，抱股不易：即使抄底成功，通常至少要抱一两年，才能赚到大波段的利润，一般投资人均无此抱股耐心，通常涨两三成就卖掉了。

比较存股派与抄底派

存股派与抄底派好比少林与武当，说不上孰优孰劣，只要运用得当，均能获取大利润。

2015年2月上旬，在贤哥（也是股市高手）的安排下，我与存股派高手两座山在宜兰"论剑"，当时提出五线谱理论的薛兆亨教授与抱股名家李忠孝也在场，结论是：有人偏爱存股，有人适合抄底，只要操作得当，均能获利。有趣的是，经过贤哥精算，两派的利润相当。

在宜兰"论剑"中，我确定存股派的资金不会离开市场，面临空头市场亦是如此。两座山曾质疑抄底派在高档

第二堂课　决定成为存股派、抄底派或短线价差派

（高价）卖出后，资金闲置，浪费时间成本。感谢他的质疑，促使我的目光离开台湾，转向全球寻找抄底的标的，扩大我抄底的视野与领域。

短线价差派及其代表人物

在股市，当天就一买一卖（或一卖一买）轧平地当冲，或是数天内完成买卖的短线客，均属短线价差派，他们依赖的是短线精准的看盘功力。

我认为获利最大的当属短线价差派，简单给大家算算：台股每年平均约有240天的交易日，假设投资100万元，每天做短线或高出低进或低进高出，平均只要有3%的利润就是3万元，3万元乘以240天就是720万元，那是本金100万元的7.2倍，利润惊人。即使只有2%的价差，每年亦达480万元。

短线价差派的高利润来自股市空间波与时间波，它带给我极大的想象空间，然而，似乎知易行难，我仅仅知道阿鲁米、唐丰山（丰山交易实单讨论社版主）等人是这方面的高手。

早年我读过陶崇恩编著的《短线法宝》，书中提到相对强弱指标RSI、OX图（又称为点数图，Point and Figure

> 抄底派赚取的是股价长期的惊人价差，通常他们不会在乎股票的真正价值。

Chart)、腾落指数、涨跌幅测量、黄金分割律、心理线、TA-PI 指标（Trading Amount Per Index）等。关于上述技术分析指标，请参阅拙著《抄底实战 66 招》的第 32~51 招。

后来我读到刘富生的《短线固定招式》，在整本书 260 页中，图片占了八成。他教会我短线看 K 线这一非常关键的点，即一定要去选左低右高、呈现尖锐形态攻击的股票，简单两句话，值回书价。

最近研读李金明、庄伟编著的《短线天才》，他纯粹以移动平均线为坐标来判断强势股。有关这部分，请参阅我写的《逮到底部，大胆进场》第 48 节 "移动平均线理论"，而李金明最爱用的是 34MA（34 日均线）。

除此之外，要成为短线价差派的高手，我认为必须去看那只股票的 5 分钟 K 线图、日 K 线江波图的起承转合、日 K 线形态、撑与压等。有关此部分，请参阅第十一堂课 "揭开本间宗久 K 线的奥秘"。

短线价差派最佳的操作时机，是在股价走多头的一、三、五波过程中，既赚波段上涨的钱，又赚来回的短线价差，那是利润的最大化。另外，在空头行情的第七波反弹中，也是短线价差派的好时机。而当个股平台整理时，也是高出低进或低进高出赚取短线价差的大好时机。

第二堂课 决定成为存股派、抄底派或短线价差派

要当哪一派？

当存股派？或抄底派？或短线价差派？悉听尊便，其实，只要适合自己的就是最好的。

过去我以抄底派高手自居，未来我期许磨炼成为在抄底过程中兼做短线价差的高手。这有点颠覆了我在《抄底实战66招》中写的第10招"大钱留给中长线的人"的观念，如今我认为短线价差派亦属高手，甚至可说是高手中的高手，因为他掌握了股价波动的特性，从中谋取到最大的利润，若操作得当，其利润甚至大于存股派与抄底派。坏处就是必须每天盯盘，240个开盘日无休。而且，似乎比较少见公认的短线高手；或者说，那些短线高手都非常低调，不为人知。

不同的派别必须面对各自的挑战。存股派必须面对空头来临时的试炼；抄底派必须很有耐心地等待崩盘后底部区的到来，常常一等就是好几年；短线价差派则是每次在高出低进或低进高出时，都必须冒着看错方向的风险，他们是压力最大的投资人。

一般来说，既然是存股派就不太可能会是抄底派与短线价差派，因为存股派赚取的是股利，不像抄底派与短线价差派会卖出股票。

> 大师炼金术——获利最大的是短线价差派，无论股票空间波还是时间波的利润都赚到了。

但也有例外，我读严行方编著的《巴菲特这样抄底股市》后才知道，巴菲特既是抄底派又是存股派，他是抄底成功之后买来存股长抱。

至于抄底派，却有可能也是短线价差派，即长线抄底成功之后兼着做短线抄底，或高出低进，或低进高出又赚价差。那是我心目中最理想的操作状态（但是长线也有被洗出局的风险）。

巴菲特的抄底股市十策

根据严行方的观察和剖析，巴菲特的抄底有下列十策：

第一，现金在手，想买什么股票就买什么。

第二，尽量不去关心一时涨跌。

第三，股市下跌要更关心内在价值。

第四，分期建仓，没有最低，只有更低。

第五，合理利用市场先生的不理智。

第六，重新发现错失的良机。

第七，善于利用股市的坏消息。

第八，把不利因素变为有利因素。

第九，不受悲观情绪干扰。

第十，股市愈跌愈是投资好时机。

第三堂课

谦卑地向大股东学习

在股市里真正赚到大钱的,
不是投顾老师,也不是投资机构,更不是一般散户,
而是若干绩优上市公司的大股东。
当股价在底部区附近时,若有大股东敢大笔敲进,
无疑是给了我们考虑跟进的重要信息。

为什么要向大股东学习呢？不知道你有无发现一个有趣的事实：在股市里真正赚到大钱的，不是投顾（投资顾问）老师，不是投资机构，更不是一般散户，而是若干绩优上市公司的大股东。

这些绩优上市公司的大小股东身价数亿、数十亿者比比皆是，他们根本不了解何谓技术分析，也不知股市里的种种理论，更不理会什么存股派、抄底派或短线价差派；他们永远抱着自己公司的股票（这是标准的存股派），只是在股价涨得太不像话时（通常是循环的头部区）才会调节一番；也只是在股价跌到很离谱时（通常是股价崩盘到底时）才会回补买进，他们这是在做抄底派高手会做的事。

你发现了吗？他们一方面长期持有赚取公司的配股配息（这是存股派），另一方面在股价崩盘到底时勇于买进，其实这是在抄自己公司股票的底（这是抄底派）。他们唯一不做的就是短线进出（这是短线价差派）。

复利是大股东获利之钥

绩优公司的大股东为何都是亿万富翁呢？表面上看，他们赚的是股利与价差，其实是长期累积的复利。

有句话说，复利是世界的第八大奇迹。那么，什么是复

第三堂课　谦卑地向大股东学习

利？复利又要怎么计算呢？

顾名思义，复利并非单单从本金所赚的利息收入，而是利滚利，亦即由本金加所赚的利息，再投入之后以复利形式去推算。假设每年获利不变，投资的时间愈长，复利的效果会愈惊人。

举个实例，假设投资本金是 10 万元，而投资回报的年利率是 10%，每年收取股利一次，用利滚利的方式投资了 2 年时间，2 年后复利回报的计算方式如下：

第一年：100 000 元 ×（1+10%）= 110 000 元；

第二年：（本金由 10 万元增至 11 万元）110 000 元 ×（1+10%）= 121 000 元。

两年后最终的总金额是 121 000 元，亦即用复利方式赚到的金额是 21 000 元。

假如连续投资 10 年，而每年投资回报的年利率都是 10%，则 10 年后的复利总和 = 100 000 元 ×（1+10%)^{10} ≈ 259 374.2 元，10 万元复利投资 10 年，利润高达将近 16 万元，这就是复利的威力。

我在拙著《逮到底部，大胆进场》一书第二节介绍过的绩优股崩盘买进致富法，指每当股市崩盘时，也就是在每次股价循环的底部区时，买进高殖利率的绩优股之后，长期持有根本不卖，在采取高配息利滚利的操作下赚取复利的惊人利润。

台湾塑料龙头股台塑（1301）自 1964 年上市迄今已 60

年，是一档长期获利稳定的绩优股，长期平均获利率约有15%。假设投资人在1964年以100万元买进台塑股票，然后只买不卖、长期持有，以利滚利的复利方式操作，亦即每年15%的配息又变成本金，在当年股价低档时再买进。10年后，这100万元会增值4倍多到405万元；17年后，这100万元会增值10倍到1 076万元；33年后，这100万元会增值100倍达到1.007亿元。

当然，这是想当然的长期累积复利所产生的惊人结果。事实上，长期投资要能产生复利的惊人效果，不会像理论上计算的那么简单，因为它牵涉到下面六个问题：

第一，必须挑选年年获利的绩优公司

复利之所以会产生惊人的效果，在于该上市公司年年获利，不可以有不稳定的现象。譬如说，该公司前两年都有10%的获利，但第三年亏损了，于是这第三年的亏损就会影响到前两年的获利，甚至转盈为亏。因此，长期年年获利是必要条件，但具备这种条件的上市公司并不多。

第二，必须坚持利滚利的操作模式

必须坚持把每年从股票中所赚的利息（股息）继续投入买股票，倘若不能坚持，赚到的钱都拿去花了，复利就荡然无存了。

第三，必须有真正当股东的心态

要从复利中见到效果，仅仅抱股两三年是不够的，一般至少要抱个 10 年、20 年才会见效。这时建立真正当股东的心态就很重要了。

虽然投资人通过交易市场买入某公司的股票理所当然成为该公司的股东，但是，一般投资人都是过客心态，左手进、右手出赚价差，没把自己当成真正的股东。

若有心要赚到复利，必须在买进股票时有真正当股东的心态，既然买进了，不抱个 10 年、20 年绝不轻易卖出。

第四，不借贷买股

有人运用杠杆，拿房子做抵押，向银行以较低利率借出一笔款项，然后用这笔钱到股市投资，想赚取复利。此种以低利率赚取复利的做法并不可行，因为向银行贷款是要固定支付利息的，而投资股票的复利效果是不可知的，如此容易陷入要用不稳定的收入去支付稳定支出的困境。

第五，遇到股价暴涨时

追求复利、长抱股票 10 年以上的话，一定会碰到股价在循环过程中暴涨的现象，这时要卖出持股吗？倘若坚持追求复利效果，则仍应抱牢持股，不应卖出；但股价若涨得很厉害，譬如说超过 5 倍时，亦可考虑卖出。

第六，遇到股价暴跌时

追求复利、长抱股票 10 年以上的话，很有可能遇到股价在循环过程中崩跌的现象，这时应冷静应对，按原本的计划买进，甚至可考虑加码买进。

有没有人运用复利投资股票而致富呢？据我所知有两位，一位是台塑前董事长李志村，一位是百岁老人格蕾丝·格罗纳（Grace Groner）。

李志村在 1983 年（时任台塑副总经理）以 100 万元买进台塑股票，用利滚利的方式操作，14 年后，原本投资的 100 万元增值到 1 400 万元，上涨 13 倍，当时的《工商时报》对此进行了报道。如果根据复利计算，李志村要持续复利操作 19 年才会达成，结果他用 14 年就完成了，这期间台塑可能有若干年的获利率高于 15%，使得他提前 5 年达成。

百岁老人格蕾丝·格罗纳是个独居老人，终身未婚。1935 年，她花了 180 美元（根据物价指数推算，大约是现在的 2 800 美元，为当时上班族一个月的薪水）买了 3 张雅培公司（ABT）股票（她当时在雅培公司担任秘书），经过多次的股利再投资（利滚利）与股票分割，到了 75 年后的 2010 年，她总计持有 127 000 股，以 2010 年雅培每股 55 美元计算，大约价值 700 万美元。

简言之，格蕾丝在 1935 年以 180 美元买进 3 张雅培公司股票，运用复利的方式，经过 75 年之后滚出了 700 万美元。这是复利创造奇迹的实例。根据《芝加哥论坛报》（*Chicago Tribune*）2010 年 3 月的报道，她过世后，把价值 700 万美元的股票遗产，全数捐赠给她的母校森林湖学院（Lake Forest College）。

谦卑追随大股东，既存股又抄底

除了上述复利，我认为我们应当谦卑地向大股东学习下列四点：

第一，谨慎挑选长期配股配息的绩优公司

绩优上市公司的大股东会成为亿万富翁的主因，是公司长期绩效良好，年年配股配息。因此投资时若放眼复利的结果，一定要从上市的多家公司中挑选绩优、年年有配股配息的公司。

着眼高配股配息固然很好，不过，若行情处于空头的跌势，股票配股配息之后很可能因无法填息而下跌，造成赚了股票股息却赔掉股价的情形，因此对买进的时点需要谨慎斟酌。

第二，追随大股东当存股派

前面说过，大股东永远抱着自己公司的股票，长期持有赚取公司的配股配息，绝不卖出，是标准的存股派，只有股价飙涨得太不像话时，才会调节一番。

第三，追随大股东当抄底派

前面说过，当崩盘股价跌到很离谱、大股东回补买进时，我们也要勇于跟随买进。我每次在抄各家公司的底部时，都会特别留意大股东的动向。

2008年10月间，台股崩盘时，我问一家上市公司老板是否可以买进他们公司的股票。他答道："我也不知道股价是否会继续下跌，但跌到这里已经很便宜了，我们会进场去买一些回来。"

当股价在底部区附近时，风声鹤唳，草木皆兵，人人自危，此时若有大股东敢大笔敲进，无疑是给了我们可以考虑跟进的重要信息。当然，大股东买进之时，并非一定就是底部，股价常常在大股东买进之后还会下跌一段。那个地方虽然不是底部，却会是底部区附近。

第四，既当抄底派又当存股派

绩优公司的大股东除了高档调节（散户就是高档舍不得

第三堂课　谦卑地向大股东学习

卖，贪婪求其更高）、低档崩盘回补（股价崩盘来到底部区时，散户反而裹足不前）赚价差之外，还能享受到公司的配股配息，他们既是抄底派，又是存股派，价差与股利两头赚，当然是股市里的最大赢家。

请注意，他们独独不做短线价差派。有关这一点，第十二堂课会再深入研究讨论。

投资人的最爱：成长股

在这堂课里，我想顺便谈谈投资人最感兴趣的成长股，因为这是向大股东学习的重要部分。

何谓成长股呢？根据网络词条的解释，成长股是指发行股票时规模并不大，但公司的业务蒸蒸日上，管理良好、利润丰厚、产品在市场上有较强竞争力的上市公司发行的股票。简言之，成长股是指那些因产品在 7~10 年内高速成长，致使股价水涨船高、跟随飙涨的股票。

一般来说，能发行成长股的企业必须具备下列五个特点：

第一，产品具备优势，公司市场开发能力很强。
第二，经营团队理念清晰，竞争力很强。
第三，在该行业中很明显地已经崭露头角。

第四，公司的获利能力年年呈现大幅度成长。

第五，股价在10年内上涨10倍。

顾名思义，成长股对应的就是在一段时间内（通常是10年）不断茁壮成长的企业。此种成长型企业不但会吸引一流人才，而且会吸引大笔资金，在持续良性循环之下，再刺激企业成长，会为投资人带来惊人的利润。

台湾上市公司中的成长股屈指可数，譬如1992年的鸿海（2317）、2004年的宏达电（2498）、2008年的台积电（2330）、2008年的大立光（3008）、2008年的儒鸿（1476）等。

鸿海在1993年最低价是37.5元，2000年最高价是381元；宏达电在2004年最低价是100.5元，2007年最高价是1 220元；台积电在2008年最低价是36.4元，2020年最高价是525元；大立光在2008年最低价是167元，2017年最高价是6 075元；儒鸿在2008年最低价是8元，2015年最高价是549元。

这5只股票中，涨幅最大的是儒鸿，上涨了68倍；其次是大立光，上涨了36倍；再次是台积电，上涨了14.4倍；然后是宏达电，上涨了12倍；最后是鸿海，上涨了10倍。上述上涨的幅度还没加上这期间每年的配股配息。

就拿敬陪末座的鸿海来说，如果你在1993年以最低价37.5元买进100万元股票，而且持股都没卖，到了2000年的

第三堂课 谦卑地向大股东学习

最高价 381 元才卖掉，每年涨幅加上配股配息，获利高达 100 倍，你立刻成为亿万富翁。

成长股可遇而不可求，一般的散户都没有能力找到成长股，即使在电视上解盘的投顾老师，也没有足够的能力发现成长股，只有拥有一群学有专长的研究团队的投信（信托投资公司）与外资等机构，才比较有可能找到成长股。

为何舍"谦虚"坚持用"谦卑"？

最后，我特别要点出第三堂课为何用"谦卑"而不用"谦虚"。这是来自《圣经·彼得前书》第五章第五节的经文："就是你们众人也都要以谦卑束腰，彼此顺服，因为神阻挡骄傲的人，赐恩给谦卑的人。"

另外，解说《圣经·彼得前书》里的谦卑，当以《腓立比书》第二章第三至十一节最为重要："凡事不可结党，不可贪图虚浮的荣耀，只要存心谦卑，各人看别人比自己强。各人不要单顾自己的事，也要顾别人的事。"

所以，我们一定要谦卑地向大股东学习。

> 大师炼金术
>
> 若有心要赚到复利，必须在买进股票时有真正当股东的心态，不抱个 10 年 20 年绝不轻易卖出。

扫码解锁
- 抄底财讯
- 案例解密
- 投资入门课
- 财报分析课

第四堂课

抱股是存股派与抄底派的共同特质

不论存股派或抄底派，
要赚到大钱，都必须具备抱股的特质。
位置理论是我在股市中的创见，
抱股配合位置理论来使用成效最佳。

不论存股派或抄底派，要赚到大钱，都必须具备抱股的特质。

存股派的抱股

据我所知，存股派高手的资金不会离开股市，他们只会换股操作，在多头行情时挑选攻击性强、会涨的强势股票，在空头行情时挑选防御性强、抗跌的股票。无论多空行情如何，他们一直抱着股票。毕竟在面临空头行情时惨烈的追杀，能忍得住的才算是存股派高手；当然，他们也懂得在空头时放空期指来避险，抱现货、空期指，这也是法人常用的手法。

我曾经质疑存股派：为何他们明明知道股价在高档，却不学大股东调节呢？后来我慢慢知道原因：存股派着眼在股息与股利，所以持股不愿售出（没有持股就领不到股息与股利，这是他们的信仰），此其一；另外，他们认为高档售出持股，低档何时补回不易拿捏，最后造成资金闲置现象，此其二。因此其资金会永远留在股市里，永远持股满档，永远抱着股票，永远享受配股配息的乐趣。他们会换股，但资金不会离开股市。

台湾股市近10多年来走大多头，存股派高手很多，其中我最佩服的是两座山。2015年2月上旬在好友贤哥安排下，

第四堂课　抱股是存股派与抄底派的共同特质

我赴宜兰与两座山"论剑"。他与一般存股派高手的最大不同在于：绝不融资买股，而且运用以股换股的操作模式。

他告诉我换股的时机与方式如下：

第一，当股价变贵时：卖高本益比个股，换低本益比个股。

第二，当配息变少时：卖低配息个股，换高配息个股。

第三，当大盘即将出现转折时：卖防御股，换高成长股（空转多）；或卖成长股，换防御型股票（多转空）。

另外，两座山会检视个股空头时的四种表现，提前拟妥换股策略：

第一，EPS 持稳不降，股价却下跌：表示这是高本益比股，股价有被修正的风险，应降低持股比例。

第二，EPS 下跌，股价也下跌：表示这可能是景气循环股，应降低持股比例。

第三，EPS 持稳，股价抗跌或上涨：表示这是低本益比股，而且是让人拍手叫好的成长股，应续抱。

第四，EPS 下跌，股价抗跌或上涨：表示这是跌无可跌的价值股，是好股票，应安心长抱。

> 大股东买进之时，并非保证这就是底部，却会是底部区附近。

49

另外，存股派必须特别留意所持股票每年配息的过程中，股本是否有不对称的膨胀。千万不可因股本的不对称膨胀造成股价的下跌，吞吃了股利的收入，那就是因小失大了。这几年的佳格（1227）即是一例。

有些用融资买股的存股派高手，他们最怕的是空头来袭。在历史中，空头行情曾经收拾过无数扩张信用、用融资买股的存股派高手，这是股市里最惨烈、最残酷的场景。33年来，我历经2 485点、3 411点、3 955点，每次都"尸横遍野"，惨不忍睹。

我常劝人不要融资买股，因为他必须面对利息、断头、还款等三种压力，一旦空头来袭，或惊慌杀出持股，或被断头卖出，将非常凄惨。

抄底派的抱股

抄底派的高手抄底成功后，要赚取第一波与第三波等2个大波，或赚取第一、第三及第五等3个大波，都需要耐心地长时间抱股。一般来说，前者要抱一两年，后者要抱六七年，这是经验总结。

抄底派在底部买进后，或抱到月线第三波，或抱到月线第五波，来到高档即售出持股。缺点是空头行情若不放空，

第四堂课　抱股是存股派与抄底派的共同特质

资金会闲置浪费。我不喜欢放空，因此在空头行情时选择游山玩水，或到全球寻找抄底标的，尽量不让资金闲置。

利弗莫尔有句名言："在多头行情里，你们只需要做两件事——底部买进与紧抱持股，然后忘记拥有的股票，一直到多头行情即将结束为止。"他这句话是对抄底派说的。

我认为抄底不难，抱股最难。投资人在底部买进的股票一定要紧抱，直到大波段走完再出脱，这样才能赚到倍数利润，这是抄底派的大课题。对抄底派而言，何时抄底出手，怎样耐心抱股，如何处理空手，样样都是学问。

我在拙作《看准位置，只赚不赔》第九章列举了抱股的十二个技巧：

第一，一定要深刻认识到抱股会有倍数的利润。

第二，根据我的经验，只要在底部区买进的股票，因为成本够低，不怕洗，所以比较抱得住。

第三，底部买进后，第一波上涨抱住不难，第二波回调修正时抱住困难。此时的对策是，实在抱不住就卖掉一些（譬如1/3），然后在第二波拉回的次低点加码补回来。

第四，主力一定会震荡洗盘，此时抱股一定要有充分的心理准备。

第五，底部区买进股票后，建议一周看一次盘。

第六，在底部区抄底成功后，立刻安排一趟旅行，根本不看盘。不看盘，心不痒，就不会想卖。

第七，抱股的关键在于降伏心魔，必须修心。

第八，抱股至少抱到第三波月 KD 线死亡交叉再走人。

第九，若单脚直线上攻，月线第一波即发生月 KD 线死亡交叉，先卖 1/3，待月线第二波回调时补回赚价差。

第十，牢记王建煊的名言："手中有股票，心中无股价。"

第十一，抱股是违反人性的，但必须让自己做到。

第十二，个人的惨痛经验是，若上述种种都做不到的话，错失一次发大财的机会，从中得到教训，下一次机会再来时自然而然就会做到了。我在 3 411 点没抱住，3 955 点就抱住了。

大股东的抱股

对大股东来说，抱股乃天经地义的事。一般来说，很少听到大股东要卖股的消息，即使他们要卖出部分持股，也必须公开申报，并向台湾地区金融监管机构报备。

根据台湾地区有关规定，董事、监察人、经理人及持股超过 10%的股东，持有的股票种类及股数都应向主管机关申报并公告。此法规不但规定大股东要申报，而且持股若有变动也要申报。

据我所知，大股东视抱股为理所当然，不会轻易买卖自家公司的股票，除非股价飙涨得很离谱或超跌得不像话，才会调节一点。飙涨时会卖一点，超跌时会买一点。

一般散户对买进的股票忠诚度不高，随意买卖是家常便饭，只有少数存股派高手例外。

配合位置理论来抱股

位置理论是我在股市中的创见，抱股配合位置理论来使用成效最佳，其原则如下：

第一，抱股最佳的位置，就是底部区（即第一波的低点）。它是多头的起涨点，根据波浪理论仍要走五波的多头行情才会见顶，因此此处乃最佳买点，也是最佳抱股位置。

第二，抱股次佳的位置，就是次底部区（即第二波的低点）。虽然股票已经走完第一波与第二波，但仍要走第三波、第四波、第五波之后才会见到头部，所以此处是次佳买点，也是次佳抱股位置。

第三，如果投资人追高了，买进的位置是在第一波的高点，就必须忍受第二波拉回修正时股价下跌的折磨。然而，随着股票继续走第三波的上涨，短套之后很快就会解套。

第四，如果投资人买进的位置是在第三波的高点，那么就会有风险。若此股走五波多头，下面会走第四波回调修正与第五波的上涨，仍有解套机会；若此股仅走三波多头（有些股票仅走三波多头），则不再有第四波与第五波，这时就会被套在高点。

第五，如果投资人买进的位置是在第四波的低点，仍有风险，若此股走五波多头，下面会走第五波的上涨，仍有赚头；若此股仅走三波多头，此处第四波的修正就变成空头 A 波的修正，B 波稍作反弹后，就是惨烈的 C 波下跌，稍不留神就会受伤。

第六，如果投资人买进的位置是在第五波的高点，此处乃高点的头部区，宜卖不宜买，此处买进是错误的。

第七，如果投资人买进的位置是在第六波的低点，接着股价要走的是俗称"逃命波"的第七波，此时有价差就要赶紧出脱，以避开接下来最惨烈的第八波（俗称"杀 C"）。如果投资人不幸买在第五波的高点，应趁第七波的反弹，赶紧认赔卖出走人。

第八，如果投资人买进的位置是在第七波的高点，那是最糟糕的情况：此处乃最佳空点，宜卖不宜买，许多投资人因在此处买进而赔了大钱。最凄惨的莫过于在此处买进之后，不但紧抱持股，甚至向下摊平，导致愈买愈多、愈套愈多，

第四堂课　抱股是存股派与抄底派的共同特质

最后忍受不了持续下跌和如排山倒海般的压力而悉数卖出。（C波下杀的力道，很少人能承受得住。）

第九，严格说来，位置理论的精髓在于：只有在底部区与次底部区买进的股票能够紧抱、长抱。若是选错了位置（第五波或第七波高点），结果必定是抱得愈多愈久，亏损愈大。

第十，抱股最保险的做法：在底部区（即第一波起涨点）大胆买进之后抱牢持股，等股票走到第三波的高点时即刻毅然卖出，即手中持股只要赚到第一波与第三波的涨幅就够了，剩下第五波的涨幅留给别人赚。不论大盘或个股，多头行情走五波或三波，无论哪一种走法，第一波与第三波的涨幅都可以赚到，所以是最保险的做法。

利弗莫尔的抱股

抱股是美国投机大师利弗莫尔操作股票的重要原则，他在《股票大作手操盘术》一书中明确指出，假如股价从反转关键点（底部区或次底部区）往上走，他会放心大胆地抱着它——只要我的仓位是赚钱的，我会完全放松、气定神闲地观察股票走势，什么事都不必做，直到结束交易时机（指多头行情走完，头部出现时）的来临。

> 存股派永远抱着股票，他们着眼于长期的股利与长期的价差。

说到利弗莫尔的抱牢持股，在经典之作《股票作手回忆录》一书中有一段脍炙人口的故事，那是一位名叫帕特里奇（绰号"老火鸡"）的老交易员与一位名叫哈伍德的短线客在号子里的一段经典的对话：

"不久之前我推荐你买进的那只克莱麦斯汽车（Climax Motors）股票，到今天为止已经获利不少，我劝你赶紧获利了结。"

老火鸡笑笑没作答。

"我已经把手中的克莱麦斯汽车股票都卖光了。可靠消息来源告诉我，这一档应该会回调了，届时我们可以用更低的价格买回来。"

老火鸡丝毫不为所动，只是淡淡地答道："多谢你的好意，可是我不会卖出股票，你知道吗？这是个多头行情的起涨点，为了这个经验，我曾经付出昂贵的代价。"

老火鸡继续说："哈伍德先生，谢谢你的好意，等你像我这一把年纪，历经几次景气的繁荣与恐慌之后，你会了解一个投资人此时此刻绝对不能失去仓位，我绝对承受不起。"

这两人的对话让利弗莫尔感慨良多。他回想起自己多年的操作经历，虽然曾多次看对多头行情，并在底部区大胆买进，但却仅赚到蝇头小利，没有赚到应有的整波段的倍数利

第四堂课　抱股是存股派与抄底派的共同特质

润，问题都是出在暂时想要获利了结的人性弱点上。投资人一旦短视卖出值得长抱的股票，当股价往上走时，你就再也下不了手追回来了。

利弗莫尔强调，懂得股价循环、逮到底部的人很多，但吃完整个大波段的人很少。大部分逮到底部的人在底部买进之后，赚个两三成就获利了结，赚不足整个波段。主要问题在于做不到"抱牢持股，缩手不动"这八个字。抄底不难，抱股最难，只有像老火鸡这样吃过几次"先卖出"苦头的人，才能深刻体会到抱牢持股的好处，也才能赚足整个波段的大钱。

利弗莫尔告诫投资人："在多头行情里，你们只需要做两件事——底部买进并抱牢持股，然后忘记你拥有的股票，一直到多头行情即将结束为止。"

股道酬忍

我曾在网络上看到很有意义的十六个字："天道酬勤，地道酬善，人道酬诚，商道酬信。"那么股道呢？我认为是"股道酬忍"。

投资人每次在第三波或第五波的高点卖出之后，要等到底部区到来，这需要忍耐；底部区打底盘整一直到发动起涨，

> **大师炼金术**
>
> 抄底派会从底部一直抱到头部，他们不看股利，主要看几年的价差。

这也需要忍耐；从底部区抱到头部区高点往往要好几年，这更需要忍耐。

投资大师科斯托拉尼有句名言："股市里所赚的钱往往不是靠脑袋，而是靠坐功。"什么是坐功呢？就是忍耐，就是"股道酬忍"啊！

这是我30多年股市浮沉最深刻的体悟，"股道酬忍"，道理很简单，但做到很难，百不得其一，你会是那1%吗？祝福你！

如果你也是抄底派的信仰者，请记住下面这两句话：只有在多头市场适宜抱股作长。抄底派在空头市场抢反弹做多的保命之道，就是当一名懂得管控仓位、停损、停利（止盈）的短线交易者（参见第五堂课）。

第五堂课

停损与停利
应随时谨记在心

对于短线价差派而言，停损与停利同样重要，
停损能以小亏损平安离场，
而停利则能确保每次的利润，
集多次的小利润为大利润。

这一堂课内容包括了停损与停利，对短线价差派而言，这是至关重要的一课，当他们投入股市之后必须随时提醒自己，并将知识牢记在心。

短线价差派停损的三个要点

先说停损，顾名思义，这是设立停止损失点。短线价差派投资人买进股票之后，就要同时设立一个认赔的停止损失点，当股价下跌到此一停损点时，二话不说，毅然卖出，认赔出场。

"停损"这个概念是由美国股市天才斯罗曼在《亚当理论》一书中提出的，他的论点主要包括下列三部分：

第一，进场之时，即设停损点

任何时刻，只要你进场下单买股，就必须设下一个停损的价格（停损点），以防万一买错方向时能够在小亏之下平安出场。

任何短线价差派买进股票，都希望买进之后股价上涨，以便赚到价差。可是，如果事与愿违，你误判行情，看错方向，此时该怎么办呢？斯罗曼想出了严设停损点的好办法。他主张投资人进场买股，想赚之前要先想到赔，即在进场之

第五堂课　停损与停利应随时谨记在心

前先想到这笔交易自己愿意赔多少，是一成、一成五还是两成，然后这个停损点才能以小亏损带你安全出场。

第二，设定的停损价，板上钉钉，绝不能变动

为什么停损价绝不能变动呢？因为在进场前设定的停损价，是投资人深思熟虑后设立的，比较能够保持客观公正；当买进股票拥有仓位之后，因私欲作祟，就不再客观公正了。此时，万一股价下跌，总会找一些理由来说服自己，导致置先前设定的停损价于不顾，或是变动自己原先设立的停损价，最后造成无法弥补的损失。

第三，千万不可因小失大，造成严重后果

绝对不可以因忽视停损而让合理的小损失演变成不可收拾的大损失。每次重大跌势，起初看起来都是小幅度的拉回整理，因此一定要严设停损点。留得青山在，不怕没柴烧，最怕的是不设停损点，把整座森林都烧光了。

短线价差派获利的秘诀无非就是赚大赔小，意思是如果看对行情，一赚就是大波段的倍数利润；如果看错行情，赔一小比率，停损走人。斯罗曼建议，每一笔操作或任何一天的操作，把亏损严格定在10%之内。

为何严设停损点如此重要呢？因为投入股市，人人都会

> 抱股是违反人性的，但为了赚钱，必须让自己做到。

犯错，就算股市顶尖高手也不例外。

我要说的是美国投机大师利弗莫尔。1900年，他同时做棉花与小麦的期货，虽然经验与盘势告诉他，棉花即将走入空头，但他还是采用专家的建议，大笔敲进棉花的期货多单。结果小麦获利丰厚，棉花却亏损累累。

利弗莫尔非但没有停损棉花，还持续加码摊平，并把赚钱的小麦多单卖掉，不断加码向下凹单，导致以惨赔数百万美元收场，这是他一生最惨烈的教训。

从此之后，他严设停损点，不论做多或做空，当看错行情亏损达10%时，立刻认赔出场。

严设停损点的方法

我们既然知道对于短线价差派严设停损点的重要性，那么，要怎样去设停损点呢？一般来说有下面三种方法：

第一，当股价跌破一定的百分比时

此法简便易行，即在买进股票之后就设下一定的百分比作为停损点，或是10%，或是15%，或是20%，当股价跌破自己事先设定的百分比时，毫不犹豫，果断卖出。

方法虽然简单，但停损点的百分比不好拿捏，前述斯罗

第五堂课　停损与停利应随时谨记在心

曼建议设定10%，利弗莫尔也主张设在10%，香港股市高手曹仁超则以15%为停损点。

我的朋友林宗贤提出一个创新的滚动式停损理念，也就是根据台股大盘指数来决定停损点的百分比，例如在15 000点以上时定3%，13 000～14 000点时定5%，12 000～13 000点时定10%，12 000点以下时定15%，这样很有参考价值。

设百分比为停损点，必须特别留意股价下跌到20%～25%的状况。根据我的实战经验，主力操作一只股票，当这只股票上涨到某一时点时，习惯在其下跌20%～25%时，来个洗盘。关于这部分，第十二堂课会深入剖析。

第二，当买进的理由消失时

我们为了赚取短线价差而买进某只股票，必定有种种原因，有时候着眼于客观环境（譬如说疫情暴发时的生技股），有时候着眼于业绩大好（譬如说疫情之时的航运股），有时候着眼于新人新政（譬如说拜登当选美国总统后的基础设施建设股），有时候着眼于产品畅销（譬如说2020年特斯拉电动汽车的大卖），等等，当买进的理由改变或消失时，以及通常股价涨势告一段落，甚至由多转空时，即应认赔卖出。

第三，当股价跌破重要的支撑点时

支撑与压力在技术分析中占了很重要的考虑因素。股价在多头行情中，当跌落到技术线形的支撑点时，就会吸引买盘介入，促使股价获得支撑，此时股价若能止跌回稳，则应抱牢持股；相反，倘若跌破重要支撑点，将会有另一波段跌幅，这时应该卖出股票，认赔了事。

要从 K 线的技术线形中看出重要的支撑点，需要一定的功力，一般投资人欠缺此项能力。

放空者更需严设停损点

特别值得一提的是，放空时一定要记得设停损点。前面提到严设停损点的三种方法，都是针对做多的投资人说的，现在我要谈谈放空的投资人怎样严设停损点。

放空就是做空，乃相对于做多而言。投资人看坏未来的股价走势，先向证券金融公司融券（即借出股票）卖出后，等股价跌到相对低点时回补，从中赚到价差，此种先卖后买的行为称为放空。

为何我强调放空者比做多者更需要设停损点呢？第一，投资人融券放空之后，万一股价不跌反涨被轧空，其亏损往往数倍于放空赚进的金额，理论上被轧的股价会持续向上，将承受巨大压力。第二，从长期趋势去观察，台股股价走空头的时间大约只有走多头时间的 1/3，故胜算较低。第三，放空者的条件远不及做多者。台股 2000 多只股票中，能在平盘以下放空者，仅限于台湾 50 成分股与中型 100 成分股这 150 只股票，多空条件不平等。还有，一旦股市陷入低迷，政府为了挽救股市，常常会下令所有股票平盘以下不得放空，甚至全面禁止放空。

短线价差派的停利策略

再说停利。顾名思义，这是设立停止利润点。短线价差派投资人买进股票之后，股价果然依照事先的分析逐步向上涨，在涨幅达到一定程度后，必须设立停止利润点，以便当股价回调跌到此价位时果断卖出，确保自己价差的利润。

停利与停损完全不同，停利是买进后赚钱，设停利点是为了确保利润；停损是买进后赔钱，设停损点是为了确认损害，防止小害变成大害。

对于短线价差派而言，停损与停利同样重要，停损能以小亏损平安离场，而停利则能确保每次的利润，集多次的小利润为大利润。

前面曾论述过严设停损点有三种方法，无独有偶，设立停利点也有三种方法：

> 利弗莫尔气定神闲长抱持股，那是他长期操作所累积下来的宝贵心得。

第一，当股价上涨至一定的百分比时

此法简便易行，即在买进股票之后，就设下一定的百分比作为停利点，或是10%，或是20%，或是30%。当股价上涨到事先设定的百分比时，便毫不犹豫地停利卖出。

方法虽然简单，但是停利点的百分比不好拿捏。举例来说，假设你设定的停利点是20%，而当你卖出后股价继续上涨至30%，甚至40%时，你会因此懊恼不已。或可考虑采取分批滚动式停利，设定10%、20%、30%、40%四个阶段分批卖出，涨幅愈大卖得愈多。即涨10%时卖出一成，涨20%时卖出两成，涨30%时卖出三成，涨40%时卖出四成。

第二，当买进的理由已经实现时

股价通常是反映未来的，当你买进的理由已经实现或公之于世时，就是你获利了结之时。

譬如说新冠疫情暴发后的生技股，当股价飙涨一大段之后，买进的理由均已完全反映在股价上，这时正是获利了结之时；再譬如说新冠疫情发生之后的航运股，因货轮一位难求，造成沉寂多年的股价飙涨，在涨幅达一定的幅度，股价已经完全反映利多之际，就是获利了结之时。

第三，当股价上涨一大段后跌破重要支撑点时

在技术分析中，支撑与压力是很重要的考虑因素。股价从底部涨了一大段之后，通常回调整理是很正常的现象，但对短线价差派而言，此一回调整理不得跌破重要的支撑点，若此重要的支撑点被跌破，就会有较深的跌幅，一定会影响到短线的获利。因此股价一旦跌破重要的支撑点，就要停利卖出，确保短线的利润。

存股派没有停损与停利

不知道大家有无发现一个有趣的问题，在存股派的股市经典著作中，包括格雷厄姆的《聪明的投资者》、林奇的《彼得·林奇的成功投资》，或是股神巴菲特的许多著作中，从未说过停损与停利的问题。

存股派买进股票之后，其心态好比公司的股东，长期持有，着眼于公司的长期股利，不太关心股价短期的涨跌，顶多只有换股操作的问题。因此，存股派不关心股价短期的涨跌，自然也就没有停损与停利的问题，所以一些存股派的经典书就不会提到这个问题。

抄底派也没有停损与停利

抄底派赚取的是长期价差，他们通常依据艾略特波浪理论的八波段来操作，股价循环到底部区时大胆买进，长期抱牢到第三波的头部或第五波的头部时便毅然卖出，他们只有长线获利了结的问题。总体来说，他们的操作只有三个动作：一是在底部大胆买进，二是持股抱牢，三是在头部果断卖出。接下来就是耐心等待下一个底部区的到来。

这种操作模式，自然不会有短线停损与停利的问题。不过，若是长线埋伏当抄底派，而后在此过程中兼做短线价差派的话，就比较复杂，也会出现短线停损与停利的问题，这个问题于第十二堂课"从大抄底演进到小抄底"会有深入的讨论。

涨抱跌砍的顺势操作法

这是日本最神操盘手 CIS 的操盘铁则。所谓涨抱跌砍的顺势操作法，是指他只买正在上涨的股票，绝不买正在下跌的股票；买进之后股票若续涨则抱牢大赚一段，买进之后若下跌则当下砍单，绝不手软加码摊平。

长期统计下来，CIS 买到的上涨股票只有三成，七成都是小赔收场，表面上看似乎赚不到钱，实际上他所抱的三成赚的都是 10 倍、20 倍的大钱，而七成赔的仅是小亏，赚大赔小的结果是他仍是大赚。

从亚当理论吸取小抄底操作铁律

小抄底就是掌握 3~6 个月的反弹行情，其中有些操作铁律必须遵守，我们可从《亚当理论》一书得到启示。

我们控制不了股市的涨跌，只能选择了解它、顺应它；即学会谦卑，放弃成见，乖乖地臣服于市场当顺民，追随市场的脚步。

亚当理论与牛顿的惯性定律、爱因斯坦的惰性定律以及混沌理论息息相关。惯性定律是涨了续涨、跌了续跌；惰性定律是涨了还涨、跌了还跌；混沌理论是能量永远朝抵抗力最小的途径发展，而后形成趋势。综合上述三个定律，股价会朝向阻力最小的路径走，通常涨了续涨、跌了续跌。

切记永远顺势而为，只有确认股价走涨时才去做多，股价走跌时才去放空。当股市由多转空时，当机立断赶紧卖股，避开风头。追逐当时市场中最强势的类股与个股，买进后若

> 大师炼金术
>
> 对短线价差派而言，停损停利至关重要，那既是护身符，也是获利之钥。

股价下跌绝不加码,因为赔钱表示买错了方向。

顺势操作者永远不抓头,也永远不摸底,在乎的是方向,并彻底忘掉底部与头部,让市场自己去摸头、探底。此一原则符合小抄底谋取 3~6 个月短线价差的操作。

第六堂课

位置的奥秘
是高手必修的学分

投资人在投钱入股市之前,
一定要搞清楚股价目前所处的位置。
若没弄清楚股价所处的位置就随意出手买进,
常会被修理得非常凄惨。

投资大师科斯托拉尼说:"所有投资的核心准则,都在确认目前处在什么位置。"

受科斯托拉尼的启蒙,2012年我创立了位置理论。位置理论认为,投资人在投钱入股市之前一定要知道位置的奥秘,要搞清楚股价目前所处的位置究竟是底部、中部还是头部。股价若在底部,就大胆买进;若在中部,则耐心等待;若在头部,便断然卖出。股票长线投资的大原则,就是这么简单。投资人若没弄清楚股价所处的位置就随意出手买进,常会被修理得非常凄惨。

位置理论来自艾略特波浪理论

艾略特是位股市奇才,他以道氏循环理论为基础,吸收了道氏用涨退潮来比喻股价涨跌与循环的概念,提出了震古烁今的波浪理论。

他原是一位会计师,因病于62岁退休,目睹了美国华尔街股市在1921—1932年这12年间历经的大多头(1921年8月道琼斯指数从64点上涨到1929年9月的381点)与大空头(再从1929年9月的381点下跌到1932年7月的41点)。为了解开股价大涨大跌之谜,他收集了华尔街股市75年来涨涨跌跌的资料,终于在1934年整理出一套影响深远的波浪理论。

第六堂课 位置的奥秘是高手必修的学分

波浪理论主要包括下列三个部分：

第一，完整八波段，不断地循环

股价在一个完整走势中，会呈现出有如波浪般的八个波段走势，走完八波段之后又会出现一个新的八波段，周而复始，不断循环。

这就像人类永远逃离不了生老病死与春夏秋冬等大自然的规律一样，股价也永远脱离不了八波段的走势，只是一再地循环不已（图6-1）。

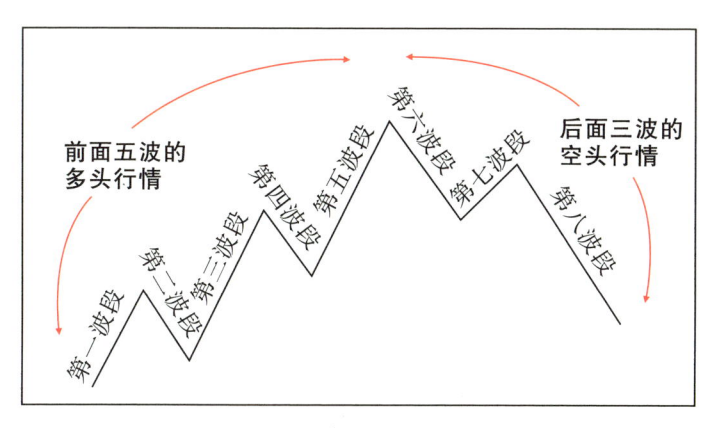

图6-1 艾略特八波段的完整走势

第二，八波段的前面五波是多头行情

在一个完整的八波段中，前面的五个波段是多头行情，这包括了第一波、第三波、第五波的上升，以及第二波与第

四波的回调整理。第一波又叫"初升段",第三波又叫"主升段",第五波又叫"末升段"。

第三,八波段的后面三波是空头行情

在一个完整的八波段中,后面的三个波段是空头行情,这包括了第六波与第八波的下跌,以及第七波的反弹整理。第六波俗称"A波",又叫作"初跌段",第八波俗称"C波"(或骇人听闻的"杀C"),又叫作"主跌段";第七波的反弹整理是最后的逃命机会,故第七波又被称为"逃命B波"。

波浪理论来自道氏循环理论

道氏循环理论是由美国《华尔街日报》(*The Wall Street Journal*)的创始人查尔斯·亨利·道(Charles Henry Dow)在1900年所提出的。他自1896年5月自行研发出道琼斯工业平均指数(Dow Jones Industrial Average)之后,每天将其公布在《华尔街日报》中,供股市投资人参考分析股价未来的走势,刊出之后大受欢迎。

在1900年时,他借由观察海边潮汐、波浪、涟漪的起落变化,顿悟出海水的涨退潮与股价的涨跌几乎一模一样,于

第六堂课　位置的奥秘是高手必修的学分

是提出了股市中备受推崇的道氏循环理论。其内容主要包括下列三点：

第一，完整六波段，不断地循环

股价在一个完整走势中，会呈现出有如波浪般的六个波段走势，走完六波段之后又会出现一个新的六波段，如此循环不已（图6-2）。

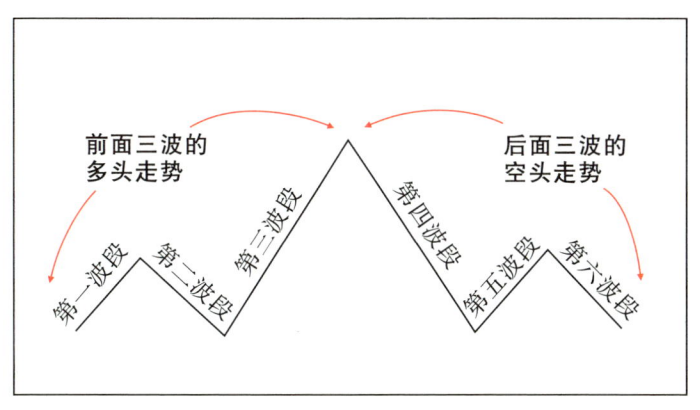

图6-2　道氏循环理论循环图（道氏六波段的完整走势）

第二，六波段的前面三波是多头行情

在一个完整的六波段中，前面三波段是多头行情，这包括了第一波与第三波的上升，以及第二波的回调整理。

75

第三，六波段的后面三波是空头行情

在一个完整的六波段中，后面三波段是空头行情，这包括了第四波与第六波的下跌，以及第五波的反弹整理。

道氏循环理论的六波段看起来比艾略特的八波段简单许多，而且当股价仅仅走三波的多头（不一定会走五波），或是短线价差派在观察股价并分析 K 线的短线整理走势时，道氏循环理论就有很大的参考价值。

从波浪理论看位置理论的九个位置

位置理论中的底部、中部及头部位置要如何分析呢？我打算用艾略特波浪理论中的八波段走势做详细解说。

我们先回到第一堂课的图 1-2 与图 1-3，比照这两个图来说明。

第一，位置理论中的九个位置

1. a 是一个完整循环多头行情的起涨点，也是循环第一波段的起涨点，即底部区，每次我抄底都挑选这个位置。

2. b 是第一波段的最高点，也是第二波段的起跌点，投资人若在此点介入，会被短套。

3. c是第二波段的最低点，也是第三波段的起涨点，即次低点，也是好买点。

4. d是第三波段的最高点，也是第四波段的起跌点，d不是买点，却是最稳当的卖点，后面会有解说。

5. e是第四波段的最低点，也是有风险的买点，后面会有解说。

6. f是第五波段的最高点，也是此波多头行情的最高点，即俗称的头部区。同时，它也是第六波段（俗称A波）的起跌点，也是空头行情的起跌点。

7. g是第六波段的最低点，也是第七波段（俗称B波）的反弹起涨点。高手常在空头行情中抢反弹，指的就是这个点。

8. h是第七波段的最高点，也是第八波段（俗称C波）的起跌点。一般所说的杀C，指的就是这个点；它也是空头最佳放空点。

9. i是第八波段的最低点，也是此一完整多空循环（先走多再走空）空头行情的止跌点；同时，它又是另一个新循环中多头行情的起涨点。事实上，i就是另一个新循环的a。

第二，位置理论的几个买点

1. 从图1-3可以清楚看出，a是整个波段的起涨点，自然是最佳买点。

2. c 是第二波段的最低点，也是多头行情整个波段的次低点，更是第三波段的起涨点，当然也算是好买点。特别是短线价差派的人，每次常会找 c 点来买。

3. 或许有人会说 e 也是买点，因为可赚到 e 到 f 的涨幅。问题是，并非每只股票的多头行情都会走五个波段，如果只走三个波段，那么买在 e 点就会有风险，所以前面会说 e 是有风险的买点。

4. 或许有人会说 g 也是买点，因为可以赚到 g 到 h 的涨幅，但是别忘了，此时的盘势已走空，g 到 h 乃是 B 波反弹，反弹逃命波是用来逃命的，这时候抢反弹的风险很高。

第三，位置理论的几个卖点

1. 从图 1-3 可以明显看出，f 是第五波最高点，也是多头最高点，当然是最佳的卖点。一般做不到在最高点卖出，在头部区卖出就很好了。

2. d 是第三波的最高点，虽然不是最佳卖点，却是最稳当的卖点。原因何在？万一你手中那只股票的多头没走五波段行情，仅仅走了三波段行情，d 就变成最高点了，因此 d 才是最稳当的卖点。特别是短线价差派，每次都会找 d 点来卖。

3. h 是最佳空点。请留意，f 是多头最高点，却不是最佳空点，股价走到 B 波反弹的高点 h 时，空头行情确立，所以 h 才是最佳空点。常有新手放空在 f，屡屡被轧，因此时盘势仍处多头。

4. d 与 f 用来卖股，而 h 则用来放空。

第四，看图识别底部、头部以及中部

1. a、c、i（新循环的 a）均为底部。

2. d、f、h 均属头部。f 是典型的头部，广义而言，d 与 h 亦是头部。

3. 其他区域均属中部。

4. 请遵照"底部买、头部卖、中部等"的铁律来操作股票，这样就万无一失了。

5. 买卖股票制胜的秘诀就是，耐心等待底部那个点到来时大胆买进，抱牢持股到头部来时毅然卖出，如此而已。

洞悉位置理论的价值

从第六堂课的论述中，我们知道位置理论最有价值之处在于：经由股价的循环与图解，我们能够清晰地掌握股价长线的三个买点（其中有一个是有风险的买点）与三个卖点（含两个卖点与一个空点），甚至可以从中找到短线价差派的买卖点。

存股派和抄底派没有停损停利的问题，因为他们获利的着眼点与短线价差派有明显不同。

还有，位置理论来自波浪理论，而波浪理论又来自道氏循环理论，两者可以说是一脉相传。

最后我要郑重建议大家，可以参考我的位置理论中操作股票长线的大原则："底部买进，中部等待，头部卖出"，并且对照查看科斯托拉尼的股价涨跌循环图（图1-1），这张著名的鸡蛋理论图包含了底部低买（低潮期）、中部观望（盘整期）、头部高卖（高潮期）；右侧下跌又分为下跌修正阶段（刚起跌）、下跌整理阶段（反弹整理）、下跌过热阶段（跌很深）；左侧上涨又分为上涨修正阶段（刚起涨）、上涨调整阶段（回调整理）、上涨过热阶段（涨太多）。

我认为科斯托拉尼这张从长线观察股价三波段上涨与三波段下跌的走势图，完全是根据道氏三波段上涨与三波段下跌的理论而画出来的。

有趣的是，不同投资人在观看科斯托拉尼的鸡蛋理论图时，对大盘股价当前所处的位置，在认知上各不相同，这会影响获利；还有，类股与个股所处的位置，与大盘所处的位置也大不相同，这也会影响获利；长线投资与短线投机对目前股价位置的看法亦南辕北辙，这更会影响获利。

举例来说，台股大盘于2021年6月来到17 000点左右，长线的位置明显是高档，宜卖不宜买；但就类股而言，钢铁、航运的位置很明显是不同的，短线小抄底仍有很大的获利空间，但须眼疾手快、短线进出、管控仓位、停损停利。

第六堂课　位置的奥秘是高手必修的学分

30多年的操盘经验与深刻体会告诉我,面对大盘必须有敬畏之心,特别是当大盘处在科斯托拉尼的鸡蛋理论图中最上面那一层涨太多的上涨过热阶段,或是刚起跌的下跌修正阶段(上涨过热阶段与下跌修正阶段均为头部区)时。做多保命之道,就是当一名懂得管控仓位、停利停损的短线交易者。

> **大师炼金术**
>
> 投资人在投钱入股市之前,必定要搞清楚股价目前所处的位置究竟是底部、中部还是头部。

第七堂课
洞悉主力操盘的过程与手法

任何一只股票的飙涨都离不开主力的拉抬，
不论他们是谁，你都必须对他们有一定程度的了解，
这样才不会被他们玩弄于股掌之间。

任何一只股票的飙涨都离不开主力的拉抬，这个主力有可能是法人机构、大户、中实户，也有可能是作手、丙种经纪人等。不论他们是谁，你都必须对他们有一定程度的了解，才不会被他们玩弄于股掌之间。

与主力操盘有关的专有名词

做多、做空：主力对股票后市看好，先行布局吸进筹码，然后拉抬至某个高价位，卖出股票赚取大笔价差，此种行为称为"做多"；反之，对股票远景看坏，通常是股票涨一大段来到高档时，先融券卖出股票，等打压至低档时再回补，从中赚取惊人价差，此种行为称为"做空"。

法人机构：拥有超大额资金的投资单位，例如外资、劳退基金[①]、投信、自营商等。

大户：拥有大额资金的投资人，例如财团、信托公司、上市公司董监事，以及拥有庞大资金的集团或个人。

中实户：财力稍逊于大户，几个中实户常会联合起来炒作一只股票。

作手：可能受雇于法人机构、大户或中实户，运用精湛

---

① 台湾的退休金。

第七堂课　洞悉主力操盘的过程与手法

的操盘技巧把某只股票炒高后卖掉，然后再狠狠地打压行情、低价补回，从中赚取差价的人。

丙种经纪人：股票融资、融券的业务专属证券金融公司与金管会核准的证券商。而从事地下融资、融券业务的人称为"丙种经纪人"，简称"丙种"或"做丙"。

吃货、出货：作手在低价时暗中买进股票，叫作"吃货"；反之，作手在高价时不动声色地卖出股票，就叫"出货"。

坐轿、抬轿、甩轿：眼光精准或事先得到消息的投资人于主力介入时低价买进，待散户跟进拉抬，坐享厚利，这就叫"坐轿"。那些随后抢进追价的散户获利有限，甚至经常被套牢，那就是给别人"抬轿"。发动攻击前的洗盘，称为"甩轿"。

利多、利空：发布促使股价上扬的消息，称为"利多"；相反，发布促使股价下挫的消息，称为"利空"。

哄抬、摜压：用不正当的方法把股价炒高，就叫"哄抬"；相反，用种种手段打压股价，就叫"摜压"。

洗盘：作手为了炒高股价，在炒作过程中故意制造卖压，好让低价买进的坐轿客下轿，以减轻拉抬压力，这种举动就叫"洗盘"。

盘坚、盘软：股价缓慢上涨，称为"盘坚"；反之，股价缓慢下跌，称为"盘软"。

> **大师炼金术**
> 道氏循环理论是指股价在一个完整走势中，会呈现出有如波浪般的六个波段走势，如此循环不已。

翻空、翻多：原本看好行情的多头，看法改变，不但卖出手中的股票，还借券放空，此种行为叫作"翻空"；反之，看坏行情的空头，看法改变，不但把放空的股票补回，还买进股票，此种行为叫作"翻多"。

拔档：在行情下挫时，投资人并没有看坏后市，但他认为会先跌一段之后才止跌回涨，所以就先卖出股票，等跌到谷底再买回，此种先卖的行为就叫"拔档"。

欲小不易：即行情只会小跌、不会大跌的意思，小跌之后的行情仍然看好。

比价：把同类型的股票价格做比较就叫"比价"。比价效应之下通常有补涨行情。

轧空：空头融券卖出股票后，股价非但不跌，反而一路上涨；空头心生畏惧，赶紧补回卖出的股票，此种情况称为"轧空"。股价轧空时常有飙涨行情。

断头：融资户融资买进股票后，股价下跌导致整户担保维持率不足120%时，证券金融公司或丙种经纪人不见客户补足差额，于是主动卖出客户抵押的股票，此种行为叫作"断头"。

抢帽子、帽客：在股票市场当天抢进抢出，从中赚取股票价差的行为，就叫"抢帽子"。从事抢帽子的人，就叫"帽客"。

短线客：经常进出股票（通常是两三天）、从中赚取价差的人，称为"短线客"。帽客与短线客均属短线价差派（参见第二堂课与第十二堂课）。

股价的涨跌都与主力有关

股价为何会涨？

买进股票之前，不知你有没有想过买进的股票为何会涨，在《抄底实战66招》第17招中，我列举了股价上涨的8个原因：

第一，经济欣欣向荣，或是增加了货币供给额（比如QE，即量化宽松）。

第二，公司业绩良好。

第三，公司的发展潜力被发现。

第四，月K线走完艾略特的八个波段。

第五，不合理的暴跌或跌深产生乖离。

第六，溢价现金增资行情。

第七，发生轧空行情。

第八，发生股权相争。

其实还有两个原因，一是主力炒作，二是股价回调整理

> 当股价仅仅走三波的多头，或是短线价差派在观察股价并分析K线的短线整理走势时，道氏循环理论有很大的参考价值。

完毕。我的意思是说，常常会发现股价下跌整理、满足了时间波与空间波的调整时，再经主力拉抬，股价立刻飙涨。

我记得有位股市高手跟我说过："没有主力拉抬的股票，不会飙涨。"我相信这句话。

股价为何会跌？

买进股票之后，不知道你有没有想过买进的股票为何会跌，在《抄底实战 66 招》第 18 招中，我列举了股价下跌的 6 个原因：

第一，经济萧条。

第二，公司经营不善。

第三，月 K 线走完艾略特前面五个波段。

第四，利率高涨、紧缩银根（缩减 QE）。

第五，世界性的金融危机（如 2008 年雷曼兄弟倒闭事件）。

第六，重大财政利空（如征收证所税[①]）。

其实还有两个常见原因：一是主力出货，二是股价阶段

[①] 即"证券交易所所得税"，台湾地区金融管理机构向股民征收的税，现已废止。

第七堂课 洞悉主力操盘的过程与手法

涨势结束。我的意思是说，常常会发现股价上涨到达一定的幅度、满足了主力阶段性的目标时，再经主力爆量出货摜压，股价立刻下跌。

主力操盘的过程

股市中的主力名头响亮，看似威风八面，其实炒作过程挑战很多，其拉抬的过程不但需要缜密的规划，而且需要充分的准备。一般来说，主力炒作一只股票，至少会包括挑选标的、炒作题材、估算筹码、外围搭配、暗中吃货、拉抬股价等6个过程。

第一，挑选标的

通常主力都会相中股性比较投机、股本较小（通常股本在10亿元以下）的个股为标的；股性投机的股票飙涨起来虎虎生风，涨幅可观。另外，资本额在10亿元以下者较易控制与拉抬。

第二，炒作题材

挑选投机且小型的标的固然重要，可是，若没有炒作的题材且市场不认同，拉抬便很困难。或开发新产品，或业绩翻转，或接到大订单，或重整成功，或公司从谷底翻身，若

> 大师炼金术
>
> 请遵照『底部买、中部等、头部卖』的铁律来操作股票，这样就万无一失了。

没有这些"大利多",主力绝对不敢介入。我们怕主力,主力更怕选错标的。

主力都是基本面与技术面的高手,他们最懂得选炒作的题材,以新冠疫情为例,主力就会挑选与医药有关的个股来炒作。

第三,估算筹码

主力要炒作一只股票,必须取得公司派的首肯或默许(以免大股东对作、倒货,甚至取得合作、共襄盛举),然后精确估算这只股票市场的浮额,调查有无其他主力介入,以免对作,最后再精确估算出必须吸纳的筹码。

通常主力吸纳的筹码大约是市场浮额的三成。筹码若吸纳不足,拉抬作价就会出现力不从心的窘状;筹码若吸纳太多,不但会增加操作成本,而且会增加日后出货的负担。

第四,外围搭配

主力炒作一只股票好比唱一出戏,不可单打独斗,必须有外围的配合,生、旦、净、末、丑缺一不可,才能把这出戏唱好。

外围人员包括投顾老师、丙种经纪人、自营商、外资、基金经理人、媒体记者等,不一而足。一只股票要炒作成功,外围的搭配非常重要。实力雄厚的外围,或是搭配大笔敲进

第七堂课　洞悉主力操盘的过程与手法

锁单，或是提供资金援助，均能协助主力掌控股价的涨跌。另外，愈多的外围前来抬轿，就愈能炒热一只股票；股票被炒热开始飙涨之后，更加能引起市场的关注与投资人的追逐，此种连环拉抬才会促使股价不断向上飙涨。

第五，暗中吃货

吃货就是吸足筹码。主力吃货的方式不外乎两种：一是在市场上暗中吃货，二是与上市公司董监事商讨同意后，巨额转让。

通常，主力都会挑选下列情形之一默默吃货：

1. 个股盘整甚久，完成一个大底时（或 W 底，或头肩底，或碗形底）。

2. 利用媒体发布一些利空消息，同时利用手中筹码刻意惯压，压低股价吃货。

3. 股市崩盘，人气悲观到极点时。

4. 个股严重超卖，RSI（相对强弱指标）达 20 以下时。

5. 对该公司的业绩远景看好时。

6. 该公司即将改选董监事，分析有多方人马有意角逐，互不相让时。

主力炒作一只股票若是与公司派携手合作，就会在与公司董监事谈妥条件之后，直接转让一笔巨额筹码，这就是巨额转让。

> 位置理论最有价值之处在于：清晰地掌握股价长线的三个买点与三个卖点，甚至可以从中找到短线价差派的买卖点。

第六，拉抬股价

主力吃完货、吸足筹码后，就是拉抬大戏。散户拉不动任何一只股票，任何一只股票的飙涨都是主力的杰作。主力的风险大于散户，他们拉抬一只股票动辄数亿资金。当然，若炒作成功，其获利也很惊人，可达数亿。

主力若从底部拉抬一只股票，绝不会只拉两三个涨停板就结束，其幅度一定是谷底价的两三倍或五六倍，甚至高达10倍。

主力炒作一只股票大约需要半年的准备期，从底部开始大约会做两大波，时间约是2年。但第一年最肥美，也是风险最低的一年，更是必须抱股到地老天荒的一年。当然，你也可以抱到抄底三书中提及的第三波，但必须忍受第二波狠狠拉回修正。

主力的重要工作

主力操盘，除了要历经上述挑选标的、炒作题材、估算筹码、外围搭配、暗中吃货、拉抬股价等6个过程，还有两项重要的工作：一是洗盘，二是出货。

第七堂课　洞悉主力操盘的过程与手法

洗盘

主力都是基本分析和技术分析的高手，他们在艾略特波浪理论进行五波段的上涨过程中，会在遵循波浪理论中第二波段与第四波段回调整理时进行两个阶段的洗盘。换言之，第一波段上升—第二波段回调整理—洗盘—第三波段上升—第四波段回调整理—洗盘—第五波段上升。

主力为什么一定要在第二波段、第四波段洗盘呢？原因有三：一是顺势而为，顺着波浪理论的走势而为；二是借着高出低进、上下冲洗，不但可赚到可观的价差，亦可降低持股成本；三是设法洗出从底部进场的首批投资人，借机拉高股价的成本，并吸引新投资人参与。

此时也是短线价差派大显身手的良机，他们跟随主力或高出低进，或低进高出，吃主力的豆腐，赚取惊人的价差。但是这需要很强的看盘功力，并且得冒被清洗出局的风险。

至于主力洗盘的方式，有下列三种：

第一，高出低进法：这是主力最爱用的洗盘方式。顾名思义，就是主力用力把股价拉高之后（通常会过前高），卖出部分持股，故意制造恐慌性卖压，大力惯压，狠狠把股价往下打，从涨停打到跌停，使持股人心生畏惧后卖出，接着主力再于跌停价补回。如此来来回回冲洗几次之后，主力不仅能达到清洗浮额（即融资余额下降）的目的，还能赚到可观的价差。

第二，跌停洗盘法：这是比高出低进法更激烈的方式。最常见的是公司正常营运、毫无利空的情况下，突然其股价开出跌停价。其目的是让持股人见跌停心生畏惧而卖出持股。作手趁机在跌停时一举吃尽跌停筹码。最常见的跌停洗盘法乃是好端端地突然开出跌停的盘，但跌停挂出的单不大，接着突然出现密集大单打开跌停，这是典型的跌停洗盘吃货的手法。

第三，定点洗盘法：这是股市崩盘、人气悲观到极点时，或是个股盘整很久、在筑一个大底时，主力会使用的手法。特征是股价跌到低档盘整，在一段很长的时间里就在狭幅区间整理游走，股价要死不活，一段时间后，就会把一些信心不足、不耐久盘的浮额清洗得干干净净。就效果而言，此法比上述两种方法更好，但需要花费较长的清洗时间。

出货

主力费尽千辛万苦拉抬一只股票所为何来？答案是：万般拉抬无非是为了出货而已。出货就是卖出手中持股，获利了结。

在前述主力操盘的第三个过程"估算筹码"中曾指出，主力吸纳的筹码大约是市场浮额的三成，要想顺利出清这些

第七堂课　洞悉主力操盘的过程与手法

存货并非易事，因此股市里有一句话："会买股票的仅仅是徒弟，会卖股票的才是师父。"

主力都是基本分析与技术分析的高手，他们既懂得因势利导，也懂得创造议题，更懂得利用波浪理论中的第三波高点或第五波高点进行出货。

主力出货的方式，不外乎拉高出货、压低出货、震荡出货等三种。

第一，拉高出货法：通常主力千辛万苦把一只股票炒高炒热之后，股价日日创新高、欲小不易时，主力最喜爱运用"拉高出货法"。顾名思义，就是把股价一直拉、一直拉，拉到空手投资人禁不住诱惑跳进来时，立即一股脑地倒货给你。股市有言："股价飙涨三天，散户不请自来。"主力会利用投资人微妙的心理，把股价拉高之后倒给你。

第二，压低出货法：有别于拉高出货法，主力操作一只股票有其精密的设计与目标，当股价抵达预先设定的目标时，二话不说，从高点往下杀，这时股价会明显出现好几天高开低走放大量的现象，这就是"压低出货"。对主力而言，压低出货干净利落，手法凶狠，其中最明显的现象就是爆出大量交易，而且股价会跌破重要支撑。

第三，震荡出货法：这是最高明的一种方法，有别于拉高出货法，乃是股价抵达预先设定的炒作目标时，借由股价

> 大师炼金术
>
> 没有主力拉抬的股票，不会飙涨。其拉抬的过程不但需要缜密规划，而且需要充分准备。

在平台整理中的震荡，大约 7～10 日，就会顺利地把手中的筹码处理干净。许多高竿的作手利用此法出货，常常在数日内把筹码都处理完毕，股价仍维持在平台震荡，因此这是最高明的方法。

主力操盘的心态与习性

下面是你必须知道的主力操盘的心态与习性。

1. 通常散户都害怕主力，而主力最怕的是选错炒作标的；若公司没有好的题材，主力不敢介入。

2. 主力炒作一只股票大约需要半年的准备期，除了必须获得公司派的首肯，也必须趁机默默吸足浮额中三成的筹码。

3. 主力都是基本分析与技术分析的高手，炒作一只股票前必定精心设计一个吸引人的题材。

4. 外围人员的密切配合乃是一只股票炒作成功的要素之一。主力常会通过外围的媒体放出消息，投资人必须训练自己正确判读这些信息。

5. 有主力介入的股票一旦发动便走路有风，一路飙涨。倘若你坐在轿上，那种乘风破浪的感觉会非常舒服。

6. 有主力介入的股票在面临前高或颈线等大压力区时，

会用长红 K 线或跳空的方式跃过，以展示决心。

7. 在炒作过程中，主力最在乎的是每天的收盘价，从中可以看出主力有无在作价或护盘。另外，每天的开盘也是主力的工作，从开盘价亦可看出其意向。常听老手说，开盘是主力的意图，收盘是主力的决心；至于盘中高低点，则是多空厮杀后留下的痕迹。

8. 根据个人操盘经验，在波浪循环的底部区若发现周 K 线连续数周出现大量交易，则很可能是主力吃货的举动。

9. 依据个人经验法则，主力明显的出货量大约会是其拉抬过程中最大量的两倍或两倍以上。

10. 主力炒作一只股票必定有其目标价，有时是五六倍，有时是七八倍，有时高达 10 倍，不一而足。

11. 洗盘不同于出货，出货是达到了目标，而洗盘则仍在半途中。洗盘的主要目的是甩掉浮额、减轻负担，然后继续向前行。个人的经验是，洗盘的下跌幅度大约是高点向下两成半至三成左右；若下跌达五成以上，那很可能是出货，而不是洗盘了。

12. 个人常用的抄底，就是定睛在公司股价惨跌多年后从谷底的大翻身，搭主力的顺风车。

13. 主力炒作一只股票并不能保证次次成功，偶尔也会因为对作或突发的大利空而功败垂成。此时，他们会选择小亏走人，而在 K 线就会出现跌破重大支撑的现象。

> 股价上涨到达一定的幅度、满足了主力阶段性的目标时，再经主力爆量出货掼压，立刻下跌。

第八堂课

一定要历经空头市场的洗礼

多头市场时间长，空头市场时间短，
台股每次循环皆是如此。
历经空头市场的洗礼之后，
侥幸存活的投资人才能在股票市场中
从小学生逐渐长大成人。

根据查尔斯·亨利·道的循环理论，股市有多头市场也必定会有空头市场，这也是千古不变的定律。这就像经济景气一样，势必有复苏、繁荣、衰退、萧条四阶段，之后又会回到复苏，如此循环不已。股价的走势亦是如此，涨涨跌跌，循环不已，这就是著名的"道氏循环理论"。

股市有多头，也必有空头

对于道氏循环理论有兴趣者，请好好读《股市趋势技术分析》第三章"道氏理论"、第四章"道氏理论的实际应用"、第五章"道氏理论的缺陷"。亦可去读《专业投机原理》第四章"道氏理论简介"。

在此，我想对道氏循环理论做一扼要说明：

第一，股价有一、二、三等三波的多头，第一波是上涨波，第二波是回调整理波，第三波又是上涨波。这三波加起来就是完整的多头。

第二，股价有A、B、C等三波的空头，A波是下跌波，B波是反弹整理波，C波又是下跌波。这三波加起来就是完整的空头。

第三，股价在多头行情的走势，就像海水涨潮时一样，

第八堂课　一定要历经空头市场的洗礼

一波接着一波汹涌而来。而且整个上涨行情，和涨潮时的波浪一样，一波比一波高，不但后一波的峰顶高于前一波的峰顶，而且后一波的峰谷亦高于前一波的峰谷。

第四，股价在空头行情的走势，就像海水退潮时一样，一波接着一波消退而去。而且整个下跌行情，与退潮的波浪一样，一波比一波低，不但后一波的峰顶低于前一波的峰顶，而且后一波的峰谷亦低于前一波的峰谷。

第五，股价的涨涨跌跌好比潮水的起起落落，怎么涌上来就会怎么退回去，而且涨多少就会跌多少；怎么退回去就会怎么涌上来，而且跌多少就会涨多少，不断循环，周而复始。

结论出来了：不断循环，周而复始。因此，股市有多头行情，也必定有空头行情。多空永远循环不已。

台股三次空头市场的最低点

从 1987 年 1 月至 2021 年 7 月的 34 年间，台股从 1987 年 1 月的 1 039 点走到 2021 年 7 月的 18 034 点，总共经历了 4 次循环，其中台股的第四次循环仍未走完，说明如下（图 8-1）。

> 大师炼金术——主力都是基本分析与技术分析的高手，他们最懂得选炒作的题材。

图8-1　台股四次循环月K线图

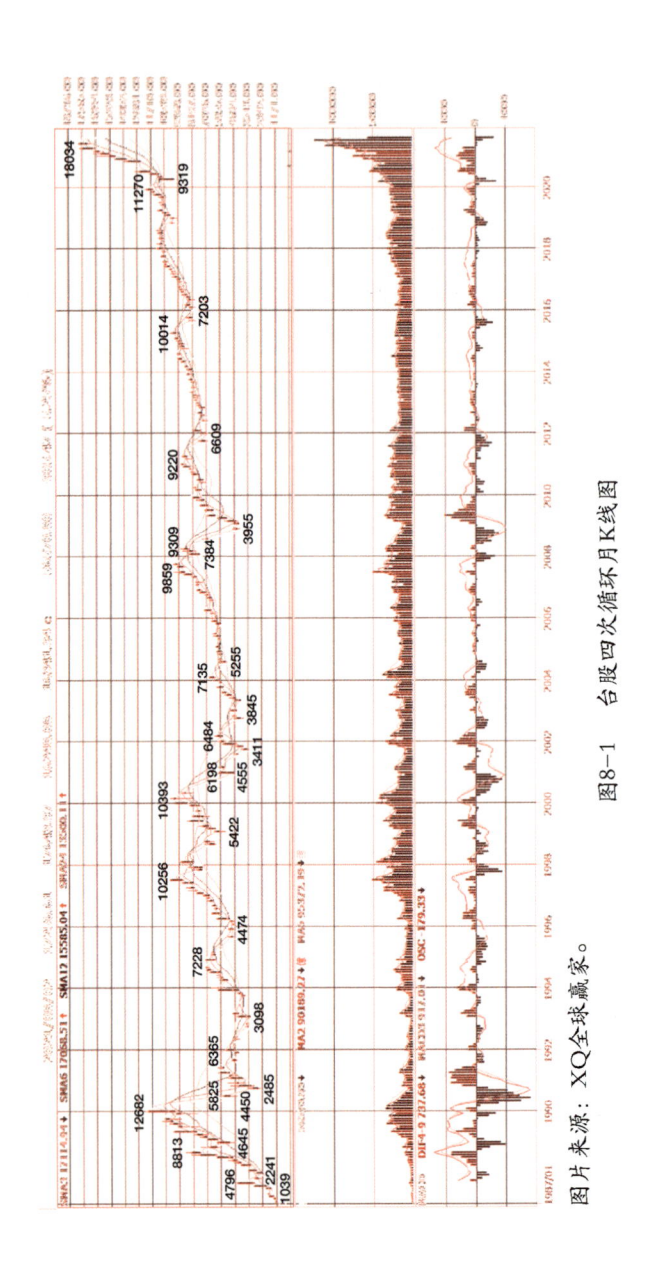

图片来源：XQ全球赢家。

第八堂课　一定要历经空头市场的洗礼

第一次循环

从 1987 年 1 月到 1990 年 10 月，共 3 年 10 个月。

多头五波段

第一波从 1 039 点（1987 年 1 月）上涨到 4 796 点（1987 年 10 月），第二波从 4 796 点（1987 年 10 月）回调到 2 241 点（1987 年 12 月），第三波从 2 241 点（1987 年 12 月）上涨到 8 813 点（1988 年 9 月），第四波从 8 813 点（1988 年 9 月）回调到 4 645 点（1989 年 1 月），第五波从 4 645 点（1989 年 1 月）上涨到 12 682 点（1990 年 2 月）。

空头三波段

第六波从 12 682 点（1990 年 2 月）下跌到 4 450 点（1990 年 7 月），第七波从 4 450 点（1990 年 7 月）反弹到 5 825 点（1990 年 8 月），第八波从 5 825 点（1990 年 8 月）下跌到 1990 年 10 月的 2 485 点。

第二次循环

从 1990 年 10 月到 2001 年 9 月，共 11 年。

> 大师炼金术
>
> 洗盘是主力的重要工作，既可以赚价差，又能够洗清信心不足的浮额。

多头五波段

第一波从 2 485 点（1990 年 10 月）上涨到 6 365 点（1991 年 5 月），第二波从 6 365 点（1991 年 5 月）回调到 3 098 点（1993 年 1 月），第三波从 3 098 点（1993 年 1 月）上涨到 7 228 点（1994 年 10 月），第四波从 7 228 点（1994 年 10 月）回调到 4 474 点（1995 年 8 月），第五波从 4 474 点（1995 年 8 月）上涨到 10 256 点（1997 年 8 月）。

空头三波段

第六波从 10 256 点（1997 年 8 月）下跌到 5 422 点（1999 年 2 月），第七波从 5 422 点（1999 年 2 月）反弹到 10 393 点（2000 年 2 月），第八波从 10 393 点（2000 年 2 月）下跌到 2001 年 9 月的 3 411 点。

第八波从 10 393 点下跌到 3 411 点，是走 A、B、C 三波的下跌，A 波是 10 393 下跌到 4 555 点，B 波是从 4 555 点反弹到 6 198 点，C 波是从 6 198 点下跌到 3 411 点。

第三次循环

从 2001 年 9 月到 2008 年 11 月，共 7 年 3 个月。

第八堂课　一定要历经空头市场的洗礼

多头五波段

第一波从 3 411 点（2001 年 9 月）上涨到 6 484 点（2002 年 4 月），第二波从 6 484 点（2002 年 4 月）回调到 3 845 点（2002 年 10 月），第三波从 3 845 点（2002 年 10 月）上涨到 7 135 点（2004 年 3 月），第四波从 7 135 点（2004 年 3 月）回调到 5 255 点（2004 年 8 月），第五波从 5 255 点（2004 年 8 月）上涨到 9 859 点（2007 年 10 月）。

空头三波段

第六波从 9 859 点（2007 年 10 月）下跌到 7 384 点（2008 年 1 月），第七波从 7 384 点（2008 年 1 月）反弹到 9 309 点（2008 年 5 月），第八波从 9 309 点（2008 年 5 月）下跌到 3 955 点（2008 年 11 月）。

第四次循环

从 2008 年 11 月到 2021 年 7 月，共 12 年 9 个月，似乎已经走出难得一见的天九波。此次多头打破了台股 34 年间多头仅走五波段的惯例，因月线走九波段的多头极为罕见，故称之为天九波。

> 大师炼金术
>
> 万般拉抬都是为了出货，散户必须与主力斗耐心、斗毅力、斗看盘的功力。

105

多头九波段

第一波从 3 955 点（2008 年 11 月）上涨到 9 220 点（2011 年 2 月），第二波从 9 220 点（2011 年 2 月）回调到 6 609 点（2011 年 12 月），第三波从 6 609 点（2011 年 12 月）上涨到 10 014 点（2015 年 4 月），第四波从 10 014 点（2015 年 4 月）回调到 7 203 点（2015 年 8 月），第五波从 7 203 点上涨到 11 270 点（2018 年 1 月），第六波从 11 270 点回调到 9 319 点（2019 年 1 月），第七波从 9 319 点（2019 年 1 月）上涨到 12 197 点（2020 年 1 月），第八波从 12 197 点（2020 年 1 月）回调到 8 523 点（2020 年 3 月），第九波从 8 523 点（2020 年 3 月）上涨到 18 034 点（2021 年 7 月）。

从图 8-1 可以很明显地看出来，空头市场的最低点分别出现在：

第一，1990 年 10 月的 2 485 点（第一次循环）。
第二，2001 年 9 月的 3 411 点（第二次循环）。
第三，2008 年 11 月的 3 955 点（第三次循环）。

台股第一次循环的起涨点位在 1987 年的 1 039 点，在此之前台股走盘的走势究竟如何呢？请参阅江瑞凯所著的《波浪理论解析：以台湾股市为例》第九章"台湾股市的波浪划分"。

第八堂课　一定要历经空头市场的洗礼

截至 2021 年，我们仅从月 K 线中能明显地看出来，多头已经走完了九波；另外，从 2008 年到 2021 年一共 13 年，正好是斐波那契数列（又称黄金分割数列）满足的 13，而且股价均已来到高档，这一点要特别留意。处在这个明显的高档位置，若是大抄底，我主张出清持股；若是小抄底，切记降低持股至三成，短进短出，严设停损点和停利点。

要人命的空头市场

股龄在 12 年之内的投资人都没见过空头市场。一提空头，投资人就谈虎色变，2 485 点、3 411 点、3 955 点都是台股股价循环中空头市场杀到底之处，这 3 次我都经历过。空头不来则已，若来的话会要人命。

空头市场那只黑天鹅总是会不经意间来到，2020 年初的新冠疫情，大家原以为这就是那只不请自来的黑天鹅，没想到各国政府的量化宽松政策，拼命地发行钞票，反而造就了全世界股市在 2020—2021 年畸形飙涨。

没经历过空头市场考验的投资人只能算是投资领域的小学生，他们总以为投资很简单，甚至误以为股市只有多头没有空头，股价只会涨不会跌，台股从 2008 年 11 月的 3 955 点到 2021 年 7 月的 18 034 点，其间的 12 年 9 个月大概就是这

> 股市有言：『股价飙涨三天，散户不请自来。』主力会利用投资人微妙的心理，把股价拉高之后倒给你。

种状况。

科斯托拉尼说得好，要成为一个投机家，必须历经三次破产。为何会破产呢？就是因为扩张信用后遇见空头市场，遭到融资金主断头追杀。

有些投资人自认为本领高强，就按财务杠杆原理，利用小资金进行大资本的投资，或向银行贷款，或向民间贷款，或向证券金融公司贷款，或向丙种贷款，大肆扩张信用，操作财务杠杆。

丙种就是非法从事融资融券业务的人，贷款的年息约23%，与民间贷款相近。向丙种贷款购买股票的最大好处，就是只用四成现金就可买进十成股票（其中六成股款向丙种借贷）。可是当股价跌幅达两成时，若没有补足差额，就会被丙种断头杀出。台股2 485点、3 411点、3 955点这3次空头，不知葬送了多少做丙扩张信用的英雄好汉！

我一向反对融资买股票，因为不但有还款压力，还须面对利息与断头的压力。因此我虽然历经了台股3次的大空头，受了伤，但都是轻伤，所以能侥幸存活至今。

第八堂课　一定要历经空头市场的洗礼

大股东、存股派、抄底派、短线价差派因应空头之道

公司大股东如何面对空头市场呢？他们通常不看盘，也不太在意，直到股价崩跌到很低很低时，他们才会进场买回自家股票，捡便宜货。

存股派高手如何因应空头市场呢？他们的资金不会离开股市，会把手中持股转换为防御性强、比较抗跌的股票，以减少空头下杀的损失。他们也会在现货做多的同时，放空期指避险（请参阅第四堂课）。

抄底派的高手如何因应空头市场呢？有的会看准盘势走空之后，挑弱势股放空；也有不喜放空者空手以逸待劳，游山玩水，耐心等待底部到来。我是属于后者。

短线价差派的高手早在进场时就设立了停损与停利之点，当空头来袭时，他们其实老早就闪躲开了。

面对空头市场，最凄惨的当然就是扩张信用融资的投资人，他们被断头后就从股市销声匿迹。

无论你是哪一派的投资人，一定要记得空头最大的特色是：跌跌不休，跌了又跌，风声鹤唳，草木皆兵，一定杀得你屁滚尿流。

大师炼金术

主力最在乎的是每天的收盘价，从中可以看出有无在作价或护盘。每天的开盘也是主力的工作，从开盘价亦可看出其意向。

109

多头市场时间长，空头市场时间短

多头市场时间长，空头市场时间短，这是极为明显的现象，我们看看台股第一、第二、第三的循环多空的时间长度。

第一次循环，多头五波段从 1987 年 1 月的 1 039 点，上涨到 1990 年 2 月的 12 682 点，总共走了 38 个月。

第一次循环，空头三波段从 1990 年 2 月的 12 682 点，下跌到 1990 年 10 月的 2 485 点，总共走了 9 个月。

第二次循环，多头五波段从 1990 年 10 月的 2 485 点，上涨到 1997 年 8 月的 10 256 点，总共走了 83 个月。

第二次循环，空头三波段从 1997 年 8 月的 10 256 点，下跌到 2001 年 9 月的 3 411 点，总共走了 50 个月。

第三次循环，多头五波段从 2001 年 9 月的 3 411 点，上涨到 2007 年 10 月的 9 859 点，总共走了 74 个月。

第三次循环，空头三波段从 2007 年 10 月的 9 859 点，下跌到 2008 年 11 月的 3 955 点，总共走了 14 个月。

我们得出结论：台股的第一次循环，多头走了 38 个月，空头走了 9 个月；第二次循环，多头走了 83 个月，空头走了

第八堂课 一定要历经空头市场的洗礼

50个月；第三次循环，多头走了74个月，空头走了14个月。

多头市场时间长，空头市场时间短，台股每次循环皆是如此，第四次循环也不会例外。倘若你是用闲置资金买股票，没有还款的压力，而你又耐得住空头下跌的煎熬，忍得了空头市场，再来的一定是多头市场，你又会是一条好汉。但此种做法需有超乎常人的耐心与毅力，一般人做不到。

历经空头市场的洗礼之后，侥幸存活的投资人才能在股票市场中从小学生逐渐长大成人。

而测试空头来临有个最简单、有效的方法：买进之后易跌难涨，套牢之后很难解套；相反，测试底部也有一个简单但有效的方法，即买进之后易涨难跌，即使追高套牢了，也很快就能解套，你不妨试试。

> 大师炼金术——多头走完之后就是空头，这是股价循环的力量。

第九堂课

每天写看盘日记

撰写看盘日记非常重要,那是一种内化的过程。
只有经由撰写看盘日记,你的经历与判断才会穿越时空,进入你的血液,与你的灵魂交融,变成你自己的东西。

当你花了一年时间把第一堂课的 20 本经典都精读之后，你再也不会人云亦云，每天坐在电视或计算机前面听一些专家解盘，你必须勉强自己写看盘日记，写出你对大盘与手中个股的看法。

强迫自己每天写看盘日记

看盘日记的字数不用多，一两百字、几十个字，甚至几行字都可以，或多空转换，或市场信息，或 K 线变化，或形态转换，或关键 K 线，或成交量多寡，或空间波修正，或时间波修正，或出现跳空缺口，或缺口遭完封，或大股东动态，或害怕崩盘，或国安基金出手，或行情预测等，只要写出你对大盘或个股当天与未来走势的看法就可以。

从第一堂课苦读经典到第九堂课每天写看盘日记，如果苦读经典之后写读书心得报告就像在写学士论文，那么写看盘日记就相当于写硕士论文。后者的难度远大于前者，假如你连读书心得报告都写不好，那要写看盘日记无异于缘木求鱼。

撰写看盘日记非常重要，那是一种读完经典后内化的过程。经典读过之后，经典是经典，你还是你，只有通过撰写看盘日记，你所读过的 20 本经典才会穿越时空，进入你的血

第九堂课　每天写看盘日记

液，与你的灵魂交融，变成你自己的东西。

我知道这一堂课很难，如果你一时还写不出来，别气馁，这是正常现象，表示你仍未融会贯通，这时再回去好好温习前面的第一至第八堂课。前面说过，若读书心得报告是学士论文，那么看盘日记就是硕士论文，我创办的"股票系"虽然只有12堂课，但一关卡死一关，这个学位不好拿，必须非常用心与用功。

高手看势

股市里有一句老话："新手看价，老手看量，高手看势。""高手看势"听起来很玄，根据我多年的摸索，至少包括下列12项：

第一，看开盘价与收盘价，分析主力的动向与企图。

第二，看江波图的起承转合，分析当天走势的强弱。

第三，检视日成交量，包括大量（或巨量）进出、量缩等。

第四，看跳空缺口，分析势转强还是转弱。

第五，看关键日K线，这是重要的撑压之处。

第六，看K线形态，包括1~3年日K线、周K线、

> 大师炼金术
>
> 从2008年11月到2021年7月走出难得一见的天九波。因月线走九波段的多头极为罕见，故称之为天九波。

115

10~20 年月 K 线。

第七，看日 K 线的支撑与压力。

第八，看趋势是转强还是转弱。

第九，设停损点。

第十，设停利点。

第十一，头部区或底部区留意领头羊走势；前者开始领跌，后者开始止跌。

第十二，头部区留意类股是否已经轮涨完毕。

当然，你的看盘日记不可能篇篇精彩，也不可能篇篇准确，其间必定有对有错，最重要的是在对对错错、跌跌撞撞中磨炼出自己的功力。

克利夫斯自然资源公司投资记录

克利夫斯自然资源公司（Cleveland-Cliffs，Inc.，交易代号 CLF，简称"克利夫斯"）是美国规模最大的铁矿砂厂，创立于 1847 年，是一家矿业及自然资源公司，主要生产铁矿石及冶金煤并拥有炼钢厂。

公司总部设在俄亥俄州克利夫兰市，总股本近 5 亿美元，市值 83.54 亿美元。规模如下：

第九堂课　每天写看盘日记

1. 在密歇根州与明尼苏达州有 5 个铁矿区。
2. 在西弗吉尼亚州及亚拉巴马州有 4 个冶金煤矿区。
3. 在西弗吉尼亚州有 1 个动力煤矿区。
4. 在加拿大东部有 2 座铁矿区。
5. 在西澳有 1 座矿区。
6. 2020 年 3 月收购 AK 钢铁公司（AK Steel Holding），该公司在俄亥俄州、宾州、肯塔基州、印第安纳州均设有钢铁厂。
7. 在北美经营 3 个煤矿区。
8. 经营各项勘探业务。

我是在 2016 年 1 月经贝莱德世界矿业基金的介绍后，才知道有这家公司。我立刻调出 20 年月 K 线并对该公司进行彻底了解后，获得下面的宝贵信息：

第一，其股价是从 2008 年 6 月的最高点 121.23 美元，分两大波下杀至 2016 年 1 月的 1.2 美元，最近一波的高点位在 2011 年 7 月的 101.4 美元。若从 121.23 美元起算，股价跌掉了 99%，仅剩不到 1%。

第二，放空股价比率高达 43%，这些放空者至此都不回补，市场普遍谣传公司即将倒闭。

第三，2016 年 1 月股价跌至 1.2 美元，虽然市场谣传公

大师炼金术 —— 空头市场那只黑天鹅总是会不知不觉地来到，不来则已，若来的话会要人命。

司即将倒闭，但经过深入的剖析，我知道该公司是北美规模最大的铁矿砂公司，一旦倒闭会造成严重的社会问题，我分析美国政府不会坐视不管。这一点分析非常重要，抄底最怕抄到会倒闭的公司，那意味着血本无归。

第四，我持续追踪了两个月，发现其股价在 2016 年 2 月上涨至 2.16 美元，3 月上涨至 3.73 美元，而且 3 月的月成交量激增，主力在此月有明显吃货的痕迹。

第五，我下定决心跟随主力的脚步，在 3 月中下旬分批大笔敲进。

第六，而后其股价一路飙涨（其间 2016 年 10 月有回调至 4.91 美元，2020 年 7 月 9 日，我的介入价是 4.92 美元，仅差 0.01 美元，都是加码良机），至 2017 年 2 月的 12.37 美元，爆出天量之后才结束行情。

第七，其后其股价又从 2017 年 2 月的 12.37 美元下跌至 2017 年 6 月的 5.56 美元，之后又上涨至 2018 年 9 月的 13.1 美元，然后下跌至 2020 年 3 月的 2.63 美元，再次引起我的关注。

第八，我是在 2020 年 4—5 月连续观察 2 个月后，才决定在 2020 年 7 月的 4.92 美元大笔介入。经过 7 个月，其股价来到 2021 年 8 月的 26.51 美元，此股价是 4.92 美元的 5.39 倍。

以下是我在这段时间操作克利夫斯自然资源公司股票的看盘日记，大约历经 1.5 个月，大家可以对照这期间的日 K

第九堂课　每天写看盘日记

线图参考之。

2020 年 6 月看盘日记

6 月 18 日：收盘 5.92 美元，下跌 8.07%，从 5 月 13 日一路涨到 6 月 7 日的 7.09 美元，涨多拉回很正常，明天有机会看到我很喜欢的 5.60 美元。

6 月 19 日：续跌 5.41%，果然来到 5.60 美元。从 5 月月 K 线观之，2017 年 11 月的最低点 5.60 美元是第三波起涨点（涨到 2018 年 9 月的 13.1 美元），也是第二波很低的点（最低是 5.56 美元），我很喜欢，若买进，我会把停损设在 5 美元。

6 月 20 日：我查到公司董事长 C. Lourenco Goncalves 最近几个月以 4.49 美元买进 20 万股（共 898 000 美元），增加持股至 6.8%，还有一批 insiders（内部人）12 个月内（2020 年 3 月 13 日前）一直还没卖，持股平均成本为 5.95 美元。

6 月 22 日：量缩，涨 1.96%，收 5.71 美元，两日 K 线小小贯穿，母子变盘，有止跌味道。最低来到 5.49 美元，5 月 26 日的 5.48 美元很像是压制点。两次狠狠下杀，测试了 5 月 26 日 5.48 美元与 5 月 27 日 5.58 美元的防御能力，今天这一根会是关键 K 线吗？

6 月 23 日：收盘 5.7 美元，小跌 0.18%。今天最大的特

> 大股东面对空头市场，没有什么感觉，直到股价崩跌到很低很低时，他们才会进场买回自家股票，捡便宜货。

色是成交量缩到 6 159 400 股，那是 2020 年 3 月 19 日上攻以来的最低量。这会是攻击前的窒息量吗？相较于淡水河谷（VALE）、泰和资源（TECK）、必和必拓公司（BHP）、力拓集团（RIO）等铁矿砂类股，明显弱势许多，似乎 6 月 17 日与 18 日的卖压不轻。

6 月 24 日：收盘 5.41 美元，下跌 5.09%，盘中最低来到 5.34 美元，没买到。6 月 7 日 7.09 美元下来 A、B、C 三波洗了 12 天（斐氏系数是 13 天），从 7.09 美元至 5.34 美元，下跌 24.7%（达 1.75 美元），应接近整理的满足点。若是 A、C 等浪，会跌到 5.32 美元，停损点仍设在 5 美元。

6 月 25 日：开盘 5.33 美元，最低 5.28 美元，最高 5.5 美元，昨天没买到的 5.33 美元，一开盘就买到了。开盘两小时主力有定格压盘的感觉。主力压盘是先蹲后跳？或是感到清洗不够干净？或是在此迎接友人共襄盛举？最后一小时盘势才转强，先蹲后跳，漂亮！6 月 26 日期待一根关键 K 线。

6 月 26 日：收盘 5.29 美元，跌 3.82%，一次比一次低，从 7.09 美元至盘中最低 5.25 美元，下跌 1.84 美元，约达 26%；从我的最爱 5.60 美元起算，也下跌了 6.25%；高点修正超过两成，感觉不好，5.17 美元为双跳口之处，是否有支撑，值得密切留意。今日成交量 5 805 700 股，比 6 月 22 日还少，算是窒息量。盘中道琼斯指数从 600 点跌到 700 点时，有感受到主力力守在 5.29 美元。4.96~5 美元会是我的停损点，也会是多空转折处，下周会是一出精彩大戏。

6月29日：开盘5.35美元，最高5.55美元，收盘5.4美元。收一个多空平分线，涨2.08%，双跳口的5.17元并未下跌触及，但盘势不够强，危机仍未完全解除，5.55～5.70美元形成了短压，短线可能在5.25～5.70美元之间游走，明天30日收月线，可能会是十字多空平分，看盘日记是写给自己看的，最重要的是客观、公正、专业、精准。

6月30日：开低走高，收盘5.52美元（最高是5.55美元），涨2.22%，盘中最低5.27美元，最高5.55美元，其间价差高达5.3%，两日K线似乎有止跌的味道，短线股价的区间会在5.25～5.70美元之间，月线收5.52美元，涨0.2美元（3.76%）；几乎是多空平分线，5.25美元似乎有撑，不易跌破；此时支撑筑底之处，很可能是新波段的起涨点，值得留意与期待，这是6月底的看盘日记。

2020年7月看盘日记

7月1日：收盘5.37美元，跌2.7%，最高5.58美元，最低5.21美元，区间价差高达0.37美元，是5.58美元的6.63%，懂得高出低进的话，利润可观（这是短线价差派）。今天破前低5.25美元，来到5.21美元，5.25～5.70美元的股价箱型被打破。虽然收盘5.37美元，但我仍然很忐忑，隐约暗示着股价盘中低点可能来到5.17美元（双跳口）、5.10

美元（5月26日低点），甚至5.04美元（5月25日高点），须有备无患。停损点仍设在4.9美元与5.0美元之间，停损点与起涨转折点常是一线之隔，真难拿捏啊！这是关键的一篇看盘日记。

7月2日：开盘5.54美元，收盘5.40美元，小涨0.56%，仍在5.21~5.66美元之间盘整格局。继续观察5.17美元是否守得住。7.09美元下杀整理已有18个交易日，依我多年了解，克利夫斯的股性在起涨之前总会狠狠甩一次轿，我耐心等着。

7月6日：开盘5.61美元，最低5.38美元，收盘5.58美元，涨3.33%，仍在5.21~5.66美元之间盘整，利于高出低进者，中间价差超过3%，这就是我说的短线价差派；但你必须冒着股价冲出盘局被洗出去的风险。7.09美元下杀整理已有19个交易日。

7月7日：开盘5.48美元，盘中最高5.52美元，最低5.28美元，收盘5.31美元，有喜亦有忧。喜的是，仍在5.21~5.66美元之间盘整，季线来到4.99美元或与K线形态形成有力支撑；忧的是，两日K线疑是寸步走跌，明日可能再来到5.21美元，甚至会到5月26日的5.10美元、5月28日的5.01美元。明日是斐氏系数下杀整理第21个交易日，再说一次，停损点与起涨转折点常是一线之隔，很是挣扎。明天会是主力的甩轿日吗？这是重要的看盘日记。

第九堂课　每天写看盘日记

7月8日：果然寸步走跌，盘中最低 5.08 美元（有见到一根 218 346 股的大量拉上来），收盘 5.15 美元，跌 3.01%。这根跌破平台整理的关键 K 线隐约告诉我，股价可能会触及 5.01 美元，甚至封 5 月 2 日的缺口 4.97 美元，碰触到 4 月 28 日的 4.99 美元，或买或卖或抱，必须好好斟酌。

7月9日：前一日关键 K 线果然准确，收盘 4.99 美元，岌岌可危。盘中有触及 4.92 美元，我分批进场买到了 5.04 美元、5.01 美元、4.97 美元、4.95 美元。以前论及的支撑皆已跌破，仅剩最后一关的 4.90 美元。严守纪律，破 4.90 美元停损，这是最关键也是最痛苦的时刻（起涨与停损常是一线之隔），此看盘日记是在挣扎中完成的，一辈子都会记得。

7月10日：收盘 5.74 美元，大涨 15.03%，这是一根漂亮的关键 K 线（量爆出、价大涨、线长红），我熟悉的克利夫斯回来了，它告诉我下面五个重要的信息。第一，4.92 美元波段底部确立。第二，探底危机解除。第三，主力强力拉抬，背后可能有大利多（基建？股息？）。第四，一根长红吃掉前面 11 根 K 线，是罕见的 11 根反红。第五，成交 2 678 万股，这是自 3 月 19 日 2.63 美元以来的最大量，因量太大，恐怕要拉回来洗一下；若没洗就持续上攻，那是超强。今天最大的感受是：起涨转折点与停损点常是一线之隔，我将停损点设在 4.90 美元，而波段最低是 4.92 美元，仅一线之隔，庆幸我昨日仍大胆分批买进。

> 大师炼金术
>
> 看盘日记的字数不用多，只要写出对大盘或个股的当天与未来走势的看法就可以。

7月13日： 收盘5.66美元，小跌1.39%，果然回来整理，一直撑到收盘前约1小时才回来洗，高开低走，跳空见小鬼的盘。到底会回调到哪里呢？这考验我们的看盘功力，整理结束的那个点，或许又是一个好的买点。

7月14日： 收盘6.01美元，涨6.18%。果然如我所说，拉回来洗一下，仅洗一天有点意外，强！再来就要面对6月16日6.44美元与6月17日6.15美元跳空缺口的压力，此压力不会太轻，然而MACD指标、DIF（差离值）0.021在零轴之上交叉于MACD 0.015之上，行情欲缓不易。

7月15日： 收盘6.02美元，涨0.01美元，几乎是平盘。一方面6.15美元跳口的近关情怯，一方面小幅整理，盘低点只见到5.85美元，要再见到我喜欢的5.60美元可能不太容易，7月9日的5.77美元会是有力的支撑，留意MACD指标的发酵。

7月16日： 收盘5.82美元，意料之外下跌了3.32%，这根高开低走的K线我不喜欢。收盘5.82美元，距离我的停利点5.77美元仅0.05美元。持续观察是否跌破5.77美元，看盘时以K线、量价、撑压为主，MACD指针、34日移动平均线为辅。牢记亏损时断然小停损，获利时抱牢赚取大波段。

7月17日： 收盘5.70美元，下跌2.06%，观盘中江波图，决定修正停利点至5.60美元，那是我喜爱的价位。我留意到44日移动平均线在5.58美元，34日移动平均线在5.81

第九堂课　每天写看盘日记

美元，10 日移动平均线在 5.60 美元，我的操作习惯是停损斩钉截铁，停利则偶尔修正（赚多或赚少而已）。我分析 7 月 9 日那根 26 777 230 股是吃货量，收盘价是 5.74 美元，若洗太深就有问题，因为主力不会拿石头砸自己的脚。

7 月 20 日：收盘 5.65 美元，跌 0.88%。盘中最低 5.56 美元，无独有偶，2017 年 11 月 15 日起涨点 5.57 美元，相差仅 0.01 美元，量缩收十字变盘线，10 日与 44 日移动平均线都在 5.61 美元，冷静观其变化。

7 月 21 日：收盘 5.89 美元，涨 4.25%。5.6 美元果然是我的最爱，7 月 9 日那根 26 777 230 股应该是吃货量，放上 5.83 美元的 34 日移动平均线，股价转强，再来有 6.18 美元、6.44 美元、6.86 美元、7.09 美元层层的关。

7 月 22 日：收盘 5.79 美元，跌 1.7%，没破大量 5.77 美元，MACD 仍然在零轴之上，0.7 大于 0.5，还在大涨 15.03% 之后的平台整理，静观其变。

7 月 23 日：收盘 5.75 美元，跌 0.69%，盘中美股有杀盘，曾被杀到 5.67 美元，很明显尾盘约用三四十万股拉上来，今日成交 5 184 320 股，是 2020 年 3 月 29 日底部 2.63 美元上涨以来的最低量，量缩，5.77 美元大量上攻后整理 9 天，又准备要上攻了吗？

7 月 24 日：收盘 5.65 美元，跌 1.74%。中美领事馆关闭战引爆杀盘，盘中竟然又见到 5.56 美元，下杀之中软中有撑，隐含下面的契机：第一，大量拉上来的平台整理仍未被破坏。第二，13 日、19 日、23 日这 3 天的低点都是 5.56 美元，构成小小的三重底（这有力量）。第三，留意 7 月 27 日的交易日正好是 7.09 美元高点下杀的第 34 天。第四，MACD 都是 0.06，多空平分。第五，季线（多空分界）5.37 美元近在咫尺。第六，原先设定的 5.60 美元停利点仍须遵守。第七，解盘仍以 K 线与其形态（量价线）为主，移动平均线为辅。今天这篇是关键的看盘日记，提醒自己停利点与起涨转折点老是在一线之隔。

7 月 27 日：收盘 5.89 美元，涨 4.25%，漂亮！小小三重底果然有力量；MACD 交叉向上，0.07 大于 0.06；3 日、10 日、34 日移动平均线纠结在 5.82 美元附近，季线上升至 5.4 美元，仍以 5.6 美元为停利点。

7 月 28 日：收盘 5.65 美元，跌 4.07%。主力似乎在 5.56~5.95 美元之间做平台整理，移动平均线纠结，这是短线价差派的机会（要小心不被洗出去）。调整停利点为 5.56 美元，季线上升至 5.42 美元。

7 月 29 日：收盘 5.81 美元，涨 2.83%，仍是 5.56~5.95 美元之间做平台整理；尾盘明显有大量拉抬，莫非有利多？

7 月 30 日：收盘 5.67 美元，跌 2.41%。今天的盘比较复杂，下杀是假，平台整理是真，理由如下：第一，开盘小涨至 5.9 美元之时，由美国 GDP 下跌造成美股大跌，主力趋势

第九堂课　每天写看盘日记

大洗盘下杀至 5.33 美元。第二，我顺势在 5.5 美元附近大捡便宜货。第三，今日的大量与长下影线（收盘前拉到 5.79 美元）证实了我的看法。第四，季线来到了 5.47 美元，盘中跌破季线，是难得的加码点。第五，必须遵守 5.56 美元的停利点（看收盘）。第六，今天发布第二季度财报，每股收益与盈利均超出预期。第七，这根绝对是关键 K 线。

7月31日：收盘 5.18 美元，大跌 8.64%。这一根长黑跌得莫名其妙，我真看不懂。第一，盘后经过查证，原来财报从盈余修正为亏损 0.07 美元（可能受其钢铁厂拖累）。第二，开盘跳空 5.48 美元，破停利 5.56 美元，持股卖出一半（低档获利部分），这是纪律。第三，另一半持股停损设在 4.9 美元（较高价买进部分）。第四，均线罩顶，线形去空。第五，亏损利空罩顶，股价可能再次回 4.9 美元附近。第六，横向整理的盘最怕这种跳空下杀的 K 线。

后记：克利夫斯股价开始飙涨是在 10 月初，股价涨过 6 月 7 日的高点 7.09 美元之后才转强。到了 2021 年 8 月，股价飙涨至 26.51 美元，是 2020 年 4 月起涨 2.63 美元的 10 倍。

> 大师炼金术——千万别小看看盘日记，那是最扎实的马步功夫。

第十堂课
遍访高手，拜师学艺

在股市要成为高手，大概只有两个途径：

一是苦读经典，开悟成才；

二是遍访高手，拜师学艺。

而遇见高手是难得的机缘，一定要好好把握。

根据我30多年的观察，在股市要成为高手，大概只有两个途径：一是苦读经典，开悟成才；二是遍访高手，拜师学艺。关于"苦读经典，开悟成才"，我们已经在第一堂课"苦读20本经典，拿股票系学位"中深入讨论过了，本章要讨论"遍访高手，拜师学艺"。

高手的三个等级

我曾经在《抄底实战66招》一书中，把股市里的高手区分为下列三个等级：

第一，初级高手：此一等级的高手深谙道氏循环理论与艾略特波浪理论，熟知格雷厄姆价值理论和迈吉技术分析，熟读过利弗莫尔与科斯托拉尼及斯罗曼的经典作品，他们有能力在每次股价循环中逮到底部、大胆买进，而且抱牢持股卖在头部。

第二，中段高手：此一等级的高手比初段高手还要高一级，他们非但能够逮到底部、大胆买进，抱牢持股卖在头部，而且有能力在空头市场中抓到B波的高点大举放空，多空两头都大赚。

第三，高段高手：此一等级的高手比中段高手更高一级，乃是高手中的高手，他们有能力分析出波浪理论中八个波段

第十堂课　遍访高手，拜师学艺

之每一波段的高低点。他们第一波做多，第二波放空，第三波做多，第四波放空，第五波做多，第六波放空，第七波做多，第八波放空，听起来像是神仙在操作。我没见过高段高手，不过据说日本江户时代的本间宗久即属此号人物，他乃是K线奥秘的鼻祖。

高手的三种派别

我在第二堂课说过，根据获利方式的不同，股市高手大概可区分为存股派高手、抄底派高手以及短线价差派高手。

存股派高手：大家熟悉的股神巴菲特和林奇都是存股派的顶尖高手。在台湾，我熟知的存股派高手有两座山、杨礼轩、李忠孝等人，其中杨礼轩有公开演讲与开课。

抄底派高手：在台湾，抄底派高手似乎不多。个人因著有抄底三书而被归为此派。而安喜乐因创办"全球商品抄底"网站，亦被归为此派别。我会不定期（原则上每年一次）在台北公开举办抄底个案实战班。

短线价差派高手：关于短线价差派，我比较陌生，目前可以说仍在研习阶段。有兴趣者或可上YouTube搜寻"阿鲁米"，听说他公开了3个月赚千万的招数。另外，亦可上"丰山当冲交易实单讨论社"去逛逛，听听版主唐丰山述说他短

> 大师炼金术
>
> 看盘日记是写给自己看的，最重要的是客观、公正、专业、精准。

线进出的实战心得。

另外,我在第十二堂课"从大抄底演进到小抄底"会对这部分做更深入的解说。

寻访高手的途径

电视与网络上自称专家、高手的一大堆,你很难判断谁是真正的高手,谁又是骗子。因此,识别高手与骗子的能力很重要,建议好好去读我写的《识人学》,此书对于判别高手与骗子应该大有帮助。

据我所知,真正的高手大都不愿抛头露面,也很少在电视上解盘,因为他们深知招摇容易惹祸上身。因此,得花点心思寻找他们。

认识高手有两种方法。第一种方法是经由其著作或发布的文章寻人。首先,你必须具备分析书籍好坏或文章优劣的能力。当你读过此人的作品,确定他是高手之后,找机会主动认识他,或参加他的社团(社群),或参加他的课程,或经由可靠友人介绍,等等。

第二种方法是高手介绍高手。物以类聚,人以群分,当你认识第一位高手之后,经由他的介绍,慢慢就能认识第二位、第三位。若该高手没有著作,就只能经由介绍或参加社

第十堂课　遍访高手，拜师学艺

团认识。股市高手若能认识两三位，已属难能可贵。

还有，要找机会让高手注意到你并认识你，你甚至可以成为对他有价值的人，高手有意无意指点你一二，你就能获益良多。

上述两种方法比较保险。网络上也有利用著作骗人加入会员，或遇见代操作或聚众投资或稳赚不赔的情况，要特别小心，这些大都是骗钱的勾当。

我寻访高手的经验

我曾经通过上述方法再过滤之后找到了 6 位老师，平均每位花了 3 万元上他们的课，结果 3 位是高手，3 位是骗子。我非常感激那 3 位高手，所学的东西至今仍非常受用；我也不会埋怨那 3 个骗子，我将 9 万元当成是寻访高手所需缴的路费。这是我之后才学会的：凡事感恩。

其实，有实力的好老师，你只要上课 10 分钟就会深刻感受到。若你上了 30 分钟仍不知所云，一定是碰到骗子了。遇见骗子上课，最明显的现象是：容易睡着，而且睡得特别香。遇见好老师是一种机缘，其获益会是 3 万元的十倍、百倍甚至千倍。

那 6 位老师当中，其中 1 位仅教会我一定要勤写看盘日

> 大师炼金术 —— 停损点与起涨转折点常是一线之隔。

133

记（请参见第九堂课），他还没教我们怎么写，只是说要写。尽管如此，花3万元学到这一点仍很感激。如今我已经把撰写看盘日记传授给你们，务必要珍惜。

上课最大的好处就是，高手老师毕生的功力会在短短几小时内灌输给你，你若准备充分且能心领神会，上完课开窍了，便会判若两人。

即使上课时一知半解，也要赶紧用笔记下来，将来有一天融会贯通，就会知道这样的好课程价值连城，可遇不可求。

我再说一次，遇见高手是难得的机缘，要好好把握。

安纳金的网络免费教学

我的朋友安纳金既是股市高手也是网络红人，著有高手三书系列与《一个投机者的告白·实战版》，他行事极为低调，不曾公开授徒，但有心跟他拜师学艺者，可主动申请加入他的"高手养成——财富自由"学习园地，这相当于网络的免费教学，至今学员有数千人。

安纳金是位认真的老师，他严格要求申请者必须真诚地学习，不但通信的 E-mail 必须据实填写，而且要求必须撰写250字的入社原因，内容须谈及过去从安纳金的文章或著作中学到了什么及心得，经专人审查后方可入社。入社后若不

第十堂课　遍访高手，拜师学艺

够用功，学习敷衍，还会被他逐出门。他的课程中最脍炙人口的，就是"市场微结构"。

这是在网上免费跟高手学习的好地方，应好好把握。在加入他的"高手的养成——财富自由"之前，建议先好好读"安纳金的修炼之路"，这是他所著的《高手的养成：股市新手必须知道的3个秘密》的第一章，内容包括：

1997年：亚洲金融危机，初尝实务世界之美；
1998—2000年：跨入国际股汇市，在全球市场初试啼声；
2001—2003年：重新认识市场，第一次大空头的洗礼；
2004—2007年：飙股与杠杆，多头市场的巅峰之作；
2008年：失落的世界，第二次大空头的洗礼；
2009—2015年：用志气与新能力，寻找投资的圣杯；
2016—2017年：我要帮助一万人，传递纪律、智慧与善良。

请注意，安纳金在修炼之路中，历经了台股两次大空头的洗礼，这正好呼应了我在本书第八堂课所言：一定要历经空头市场的洗礼。

安纳金的另一项绝学是"市场微结构"，我认为这是非常难得的短线法宝，短线价差派一定要好好拜读，我在此列出其章节纲要供有心者参考。

> 大师炼金术
>
> 随时牢记亏损时断然小停损，获利时抱牢赚取大波段。

《高手的养成 2：实战赢家》第四章"市场微结构"：

1. 认清市场的交易者：赢家 vs 输家取决于信息。
2. 如何寻找并确认领头的主流类股。
3. 强势股做多操作法：高手偏爱强者恒强的主流股。
4. 弱势股放空获利术：找出放空标的及最佳放空时机。
5. 从市场微结构变化预判行情转折：弱势股补涨代表的意义。

《高手的养成 3：投资终极奥义》第一章"市场微结构"：

1. 高手的养成三阶段：开放心胸、广泛学习、大空头洗礼。
2. 微观 vs 巨观：市场微结构看短线不看中长线。
3. 比价效应。
4. 产业类股的景气循环轮动。
5. 跨市场的比价。
6. 产业类股的挑战。
7. 油价的影响。
8. 市场微结构的奥义：每天观察判断→检视调整→反复修炼。

第十堂课　遍访高手，拜师学艺

> 大师炼金术
>
> 我的操作习惯是停损斩钉截铁，停利则偶尔会修正（赚多或赚少而已）。

举办抄底班的原因与课程内容

我先学新闻，再学企业管理，最后在投资领域开花结果。

我妻笑我都七老八十了，还凑什么热闹，开什么抄底个案课程。妻没当过老师，永远不知道当一位被学生肯定的老师有多么满足。

大约在 28 年前，我曾经在世新大学教了一年"广告企划"，后来我就把上课讲义再添加资料整理成书出版，就是那本畅销一时（达 9 万册）、被许多学子肯定的《企划案》。我当时教的是毕业班，学生们都会在谢师宴上邀请授课老师出席。我印象最深的是，一位学生过来向我敬酒说："没想到世新还有您这样的老师。"

20 世纪 90 年代的世新大学仍是世界新闻专科学校，未达今天的知名程度与水平，我知道他要说的是："您很棒！"这句话在今日仍会让我心头一热。

心中挂念"抄底"的传承，由《Money 钱》主办的抄底个案实战班会是我今生当老师的最后机会。我年事已高，还能开几次课真说不准，但绝对不能让来上课的学生失望，也不能让自己失望。

抄底大师炼金绝学
股市磨剑 30 年的 12 堂高手课

每次给抄底班的学生上课，总会让我想起元宵节流传久远、老师给学生点灯的习俗。古代的私塾从春节开始放假，要到正月十五才会开学。在开学之日，每个学生均须携带一盏精美的灯笼，到私塾请老师替他点燃灯内的蜡烛。此一仪式称为"点灯"，象征将给学生带来光明的前程。

灯不点不亮，我虽老迈，但仍很乐意为抄底班的学生点灯。

下面是抄底个案实战班的课程内容：

1. 如何赚股市的大钱？

2. 何谓抄底？为何要抄底？如何挑选标的？

3. 天道酬勤，地道酬善，商道酬信，股道酬忍。

4. 2008 年台股抄底的实际过程。

5. 抄底的主要理论根据：

（1）循环理论（波浪理论与情绪的循环）。

（2）位置理论（获利基础）。

（3）弃取理论（人弃我取）。

（4）顺势理论（大赚关键）。

6. 抄底的次要理论：

（1）时间理论（斐波那契数列）。

（2）抱股理论（吃足三波）。

（3）选股理论（投资 vs 投机）。

（4）筹码理论（量会说话）。

第十堂课　遍访高手，拜师学艺

7. 抄底的风险与停损理论。

8. 存股派与价值理论。

9. 试论第四次台股循环（3 955 点起涨）的探底。

10. 铁矿砂 TECK、VALE、CLF 抄底始末。

11. 道氏循环理论与科氏股价涨跌循环图。

12. 底部趋势转换图。

未来的抄底个案实战班因为加入了小抄底，课程内容会有变动。课程中除了大抄底之外，还将涵盖 3~6 个月小抄底的行情探讨。

看盘日记不可能篇篇精彩，也不可能篇篇准确，最重要的是在对错与跌撞中磨炼出自己的功力。

第十一堂课

揭开本间宗久 K 线的奥秘

从 K 线中可以看出多空买卖双方力道的消长、
市场主力操作的方向，
以及股市中上涨、下跌、盘整等三种不同行情的变化，
分析出股价的未来走势，进而决定买或卖的最佳时机。
如今 K 线已经成为投资大众最重要的股票技术分析工具。

我是 K 线的忠实信徒，因为 K 线是真金白银、多空交战之后留下的真实战况，从 K 线的成交量、价格、线形（量价线）及其形态，我可以逮到左侧交易的支撑点（买撑不买跌），可以分析出右侧交易的攻击点（买攻不买涨）。

换言之，靠着剖析 K 线线形及其形态，我能掌握到短线与长线趋势的关键点。

坦白说，有关技术分析常常提及的 KD、移动平均线、MACD、RSI 等，我反而很少用（仅拿来参考），因为我发现它们都是落后的指标，依靠它们无法超前部署。

K 线、K 线形态、量价线是我技术分析的核心，其中包含了关键 K 线、成交量、K 线的形态、量价的变化、时间波与空间波的修正、大股东的进出动态，可以分析或多或空趋势的走向，可以左侧交易买撑，可以右侧交易买攻（关于左侧交易与右侧交易，详见第十二堂课）。

酒田 K 线与本间宗久

在日本德川幕府时代的稻米期货市场中，K 线是记录米价每天或涨或跌所画出的一种图解形态。在股市所有的信息都会反映到 K 线上，那是最真实可靠的多空信息。

据说，K 线是由当时出羽地区（今山形县酒田市）一位

第十一堂课　揭开本间宗久K线的奥秘

米市行情之神本间宗久发明的。他生于1724年，卒于1803年，毕生投入米市，研究长达40年。他对米市行情波动、季节影响、气候循环、战时供需、大户心态、投机炒作等全都了如指掌，并征服了当时日本的堂岛与藏前两大米市，被誉为"相场之神"。

本间宗久尤其擅长利用他每天画的K线图，从中准确地分析出米市未来的走向。当他嗅出市场行情即将转多时，即提前布局买进；当他嗅出市场行情即将转空时，则毅然抛空卖出。

由于他利用K线图所预测的米市行情十分准确，因此所到之处无不万人空巷。他被当时的幕府礼聘为财政首席，又因他出生于酒田出羽地区，因此那一套神准的K线也被人称为"酒田K线"或"酒田战法"，当时更有"酒田晴，堂岛阴，江户藏前雨飘零"的时谚。

本间宗久这一套酒田K线都写在他所著的《本间宗久翁密录》与《三猿金泉录》中，历经后人的精心研究，并把这套记录涨跌的图解方法引用到股市短期的涨跌中，发现该方法对于预测短线多空走势的准确性很高，于是逐渐被投资人所采用，并且演变成为股票技术分析的重要工具。

股市里所谓的K线，就是股市里每日、每周、每月实际交易的记录，即把各种股票每日、每周、每月的开盘价、收盘价、最高价、最低价等涨跌变化情况，用绘图方式表现出

> 大师炼金术
>
> 高手分三个等级，即初段、中段及高段。新手要先设法进入初段。

来。同理，以加权股价指数每日、每周、每月实际交易的记录，整理出每日、每周、每月的开盘加权股价指数、收盘加权股价指数、最高加权股价指数、最低加权股价指数，即可画出大盘的日K线、周K线及月K线。

从K线中，我们可以客观地看出多空买卖双方力道的消长、市场主力操作的方向（必须配合成交量一起观察），以及股市中上涨、下跌、盘整等三种不同行情的变化，然后经由K线图分析出股价的未来走势，进而决定买或卖的最佳时机。因此，K线已经成为投资大众最重要的股票技术分析工具。

基于计算基数的不同，K线可分为日K线、周K线、月K线三种。而K线的画法，就是依每股交易期间的开盘价与收盘价，用实体的红黑线表现出来，并把最高价与最低价用虚体的上下影线表现出来。

我们就以某只股票为例，开盘价52元，收盘价53.5元，最高价54元，最低价51元，那么，这只股票的日K线即可依下列五个步骤来完成（图11-1）：

第一，在事先设计好的统计图表上，依开盘价与收盘价各画一条横线。

第二，当收盘价高于开盘价时，收盘价在上，开盘价在下；当收盘价低于开盘价时，开盘价在上，收盘价在下。

第三，把开盘价与收盘价横线之两端连接起来，形成一

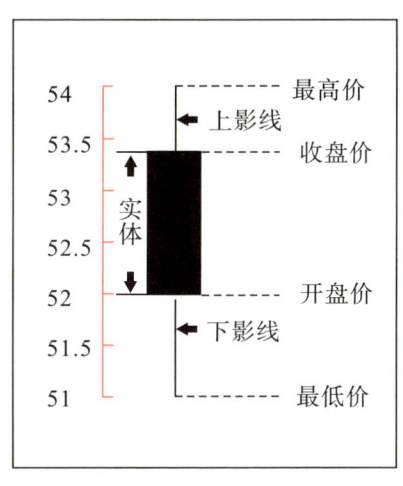

第十一堂课　揭开本间宗久K线的奥秘

图 11-1　日K线

个长方形的实体。当收盘价高于开盘价时，此实体便涂上红色，称为"红体K线"，简称"红K线"；当收盘价低于开盘价时，此实体便涂上黑色，称为"黑体K线"，简称"黑K线"。

第四，在开盘价与收盘价上下方的最高价与最低价处各画一点，然后用直线连接起来，就成为上影线与下影线。

第五，上影线的顶点表示最高价，下影线的底点表示最低价。

如此一来，一张日K线图就画成了。

识别高手与骗子的能力很重要，真正的高手大都不愿抛头露面，因此得花点心思寻找他们。

145

一根日 K 线代表的战果

每一根日 K 线都是多方与空方激战一天后呈现出来的战果。原则上，红 K 线表示多胜空败，买盘强于卖盘；黑 K 线表示空胜多败，卖盘强于买盘。而上影线愈长，表示上档的卖压愈强；下影线愈长，表示下档的承接力道愈强。

事实上，画线容易，看线困难，必须有相当的 K 线理论基础与实际看盘经验，才能深刻体会各种 K 线图所展示的意义。

下面介绍一根日 K 线 26 种形态最基本的含义：

第一种，无上影线与下影线的红 K 线，如下，此形态表示多方较强，空方较弱。

第二种，无上影线与下影线的黑 K 线，如下，此形态表示空方较强，多方较弱。

第十一堂课　揭开本间宗久 K 线的奥秘

第三种，有上影线、无下影线的红 K 线之一（红体线长于上影线），如下，表示股价上涨虽遭遇上档卖压，但多方仍然强于空方。

第四种，有上影线、无下影线的红 K 线之二（红体线与上影线长度相等），如下，表示多方与空方的力道趋于相当，但是上档有卖压。

第五种，有上影线、无下影线的红 K 线之三（红体线短于上影线），如下，表示股价虽然上涨，但空方力道已逐渐增强。

第六种，无上影线、有下影线的红 K 线之一（红体线长于下影线），如下，表示多方在低价位居上风。

> **大师炼金术**
> 上课最大的好处就是，那位高手毕生的功力会在短短几小时内灌输给你，即使上课时一知半解，也要赶紧用笔记下来，将来有一天融会贯通，就会知道这样的好课程价值连城。

第七种，无上影线、有下影线的红 K 线之二（红体线与下影线长度相等），如下，表示多方在低价位有支撑。

第八种，无上影线、有下影线的红 K 线之三（红体线短于下影线），如下，表示一方面多方在低价位有支撑，但另一方面表示空方所承受的压力并不大。

第九种，有上影线也有下影线的红 K 线之一（上影线长于下影线却短于红体线），如下，表示多方虽然遭遇卖压，但仍居上风。

第十一堂课　揭开本间宗久 K 线的奥秘

第十种，有上影线也有下影线的红 K 线之二（上影线长于下影线又长于红体线），如下，表示多方遭遇卖压。

第十一种，有上影线也有下影线的红 K 线之三（下影线长于上影线却短于红体线），如下，表示多方虽然遭遇卖压但仍处于有利情势。

第十二种，有上影线也有下影线的红 K 线之四（下影线长于上影线又长于红体线），如下，表示多方仍旧面临空方的卖压。

第十三种，有上影线、无下影线的黑体线之一（黑体线长于上影线），如下，表示空方力道强于多方。

> 大师炼金术
>
> 短线操作一定要懂市场微结构，它将领你进入操盘的殿堂。

第十四种，有上影线、无下影线的黑体线之二（黑体线与上影线长度相等），如下，表示空方仍旧掌握局势。

第十五种，有上影线、无下影线的黑体线之三（黑体线短于上影线），如下，表示股价虽仍下跌，但多方力道已逐渐有超过空方之趋势。

第十六种，无上影线、有下影线的黑体线之一（黑体线长于下影线），如下，表示空方力道仍然强过多方。

第十一堂课　揭开本间宗久 K 线的奥秘

第十七种，无上影线、有下影线的黑体线之二（黑体线与下影线长度相等），如下，表示股价虽仍下跌，但多方力道增强。

第十八种，无上影线、有下影线的黑体线之三（黑体线短于下影线），如下，表示股价虽仍下跌，但多方力道已逐渐超过空方。

第十九种，有上影线也有下影线的黑体线之一（上影线长于下影线却短于黑体线），如下，表示上档卖压很重，而多方亦曾力争上游。

第二十种，有上影线也有下影线的黑体线之二（上影线长于下影线又长于黑体线），如下，表示股价虽下跌，但多方力道强劲，随时准备反攻。

第二十一种，有上影线也有下影线的黑体线之三（下影线长于上影线却短于黑体线），如下，表示空方力道大于多方，多方回升力道有限。

第二十二种，有上影线也有下影线的黑体线之四（下影线长于上影线又长于黑体线），如下，表示空方稍居优势，而多方回升的力道不明显。

第二十三种，有上影线、无下影线的平盘线（又称倒 T

第十一堂课　揭开本间宗久K线的奥秘

线），如下，表示开盘价与收盘价相同，而当天成交的价位全都在开盘价上面，由此可知多方上攻力道不足。

⊥

第二十四种，无上影线、有下影线的平盘线（又称T字线），如下，表示开盘价与收盘价相同，而当天成交的价位全都在开盘价下面，由此可知空方下杀力道不足。

┬

第二十五种，有上影线亦有下影线的平盘线（又称十字线），如下，表示开盘价与收盘价相同，多空交战之后，双方不分胜负，形成平局。

＋

第二十六种，无上影线也无下影线的平盘线，如下，表示当天仅以一个价位成交，通常股价跳空涨停或跌停死锁之时，才会出现此形态。

―

两根日K线代表的战果

两根日K线是多方与空方激战两天后呈现出来的战果。

> 大师炼金术
>
> 从K线中，我们可以看出多空力道的消长，靠着剖析K线线形及其形态，我能掌握到趋势关键点。

它所表示的偏多或偏空的意义会比一根日K线更加清晰。两根日K线可区分为吞噬、贯穿、孕育、相逢等四种较常见的形态。

第一，吞噬（engulfing，最强走势）

顾名思义，"吞噬"就是后面一根K线把前面一根K线吞掉，不论是红K线吞掉黑K线，还是黑K线吞掉红K线，均属吞噬。不过要留意的是，两根K线的高点与低点必须相差在10个点之内才叫作"吞噬"。

吞噬的K线形态有两种，其一是空方K线被多方K线所吞噬，其二是多方K线被空方K线所吞噬。

1. 空方K线被多方K线所吞噬：

口诀：多方量小吞噬空方为强势，宜做多。

口诀：多方量大吞噬空方为转折，宜观察。

多方K线吞噬空方K线之后，可能演变为走多的二红吞黑的K线形态。

第十一堂课 揭开本间宗久K线的奥秘

多方K线吞噬空方K线之后，亦可能演变为走空的下降三法的K线形态。

针对上述两种情况走势的演变，当空方K线被多方K线吞噬后，接下来走多形成二红吞黑的概率较大。

2. 多方K线被空方K线所吞噬：

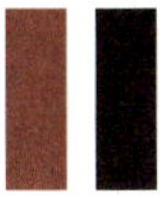

口诀：空方不论量大量小皆强势，宜做空。

空方K线吞噬多方K线后，可能演变为走空的二黑吞红的K线形态。

本间宗久擅长利用他每天画出的K线图，从中准确地分析出米市未来的走向，因而被尊称为行情之神。

空方 K 线吞噬多方 K 线之后，亦可能演变为走多的上升三法的 K 线形态。

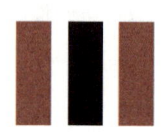

针对上述两种情况走势的演变，当多方 K 线被空方 K 线吞噬之后，接下来走空形成二黑吞红的概率较大。

第二，贯穿（piercing，次强走势）

顾名思义，贯穿就是后面一根 K 线贯穿到前面一根 K 线。贯穿的 K 线形态有两种：其一是多方贯穿，即多方 K 线贯穿到空方 K 线；其二是空方贯穿，即空方 K 线贯穿到多方 K 线。

1. 多方贯穿：

多方 K 线贯穿到空方 K 线的三分之一处，这表示多方 K 线进攻到空方 K 线的三分之一处，属弱势多方攻击。

第十一堂课　揭开本间宗久 K 线的奥秘

多方 K 线贯穿到空方 K 线的二分之一处，这表示多方 K 线进攻到空方 K 线的二分之一处，属中度多方攻击。

多方 K 线贯穿到空方 K 线的三分之二处，这表示多方 K 线进攻到空方 K 线的三分之二处，属强势多方攻击。

2. 空方贯穿：

空方 K 线贯穿到多方 K 线的三分之一处，这表示空方 K 线进攻到多方 K 线的三分之一处，属弱势空方攻击。

虽然这只是弱势的空方攻击，但若加上成交量的量价背离（比如多方 K 线量为 1 000 亿元，而空方 K 线量达到 1 500 亿元），就形成明显走空的乌云罩顶形态。

空方K线贯穿到多方K线的二分之一处，这表示空方K线进攻到多方K线的二分之一处，属中度空方攻击。

空方K线贯穿到多方K线的三分之二处，这表示空方K线进攻到多方K线的三分之二处，属强势空方攻击。

第三，孕育（复杂走势）

所谓孕育，顾名思义，就是后面一根K线怀抱前面一根K线，形成子母变盘；或是后面一根K线被前面那根K线所怀抱，形成母子变盘。

1. 子母变盘：

后面一根黑K线怀抱前面一根红K线的子母变盘。只要黑K线的母量大于红K线的子量，次日下跌的概率就高达八成。

第十一堂课　揭开本间宗久K线的奥秘

后面一根红K线怀抱前面一根黑K线的子母变盘。只要红K线的母量大于黑K线的子量，次日上涨的概率就高达八成。

2. 母子变盘：

●母是红K线、子是黑K线的孕育形态。

（1）子黑K线出现在上方的母子变盘，这表示空方力道不强，此一子黑K线可能来自获利回吐的压力，即使子量稍大于母量亦作如是观。

（2）子黑K线出现在中间的母子变盘，若是母量大于子量，乃多空平分，退场观望；若是母量小于子量，明日走跌概率较大。

日K线中有长长的上影线，表示上档有压。

159

（3）子黑 K 线出现在下方的母子变盘，这是走空的信号，若是子量又大于母量的话，走空的趋势更加明显。

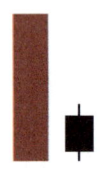

●母是黑 K 线、子是红 K 线的孕育形态。

（1）子红 K 线出现在上方的母子变盘，这是走多的信号，多方力道转强势，条件是黑 K 线的母量必须大于红 K 线的子量。

（2）子红 K 线出现在中间的母子变盘，这是空转多的中度信号，条件是黑 K 线的母量必须大于红 K 线的子量。

（3）子红K线出现在下方的母子变盘，这是空转多的弱势信号，条件是黑K线的母量必须大于红K线的子量。

● 母是黑K线、子也是黑K线的孕育形态。母子均黑，前程暗淡，这是走空的信号。

● 母是红K线、子也是红K线的孕育形态，母子同心，其利断金，这是走多的信号。

第四，相逢

顾名思义，这是红K线与黑K线相逢，或是黑K线与红K线相逢的意思。红K线与黑K线相逢，这是空方遭遇多方的抵抗。且红K线在黑K线收盘点附近相逢，这是多方弱势

日K线中有长长的下影线，表示下档有撑。

抵抗空方的现象。

黑 K 线与红 K 线相逢，这是多方遭遇空方的抵抗。且黑 K 线在红 K 线收盘点附近相逢，这是空方弱势抵抗多方的现象。

不论空方遭遇多方的抵抗，或是多方遭遇空方的抵抗，因为属弱势抵抗，所以抵抗大都无效，除非抵抗的成交量达被抵抗者 1.5 倍以上，发生量价背离现象，抵抗才会有效。

而除了吞噬、贯穿、孕育、相逢等四种较常见形态之外，两根日 K 线仍有双锤打桩、倒锤墓碑、寸步趋涨、寸步趋跌、蜻蜓点水等五种形态，说明如下。

第十一堂课　揭开本间宗久K线的奥秘

第五，双锤打桩

双锤打桩区分为平行排列、上升排列、下降排列等三类。

1. 平行排列的双锤打桩。双锤打桩，落地生根，为走多信号。

或

2. 上升排列的双锤打桩，意思是第二根K线的最高点与最低点都比第一根K线的最高点与最低点高。当出现上升排列的双锤打桩时，走多确立。

或

3. 下降排列的双锤打桩，意思是第二根K线的最高点与最低点都比第一根K线的最高点与最低点低。

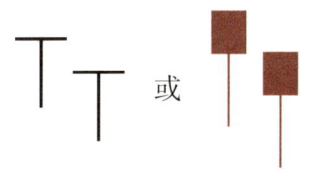

或

这表示多方的攻击力道不足，成功与失败概率各半，建议第二根K线突破第一根K线的最高点再做多。假设此为明日开盘定多空的形态：若开高，常为长红；若开低，常

十字线表示多空平分，多方与空方的力道相当，胜负难分。

为长黑。即多头若反攻失败，常有急跌走势，故多方明日非开高不可。

第六，倒锤墓碑

倒锤墓碑分为平行排列、下降排列、上升排列三类。

1. 平行排列的倒锤墓碑。倒锤墓碑，日落西山，为走空信号。

2. 下降排列的倒锤墓碑，意思是第二根 K 线的最高点与最低点都比第一根 K 线的最高点与最低点低。当出现下降排列的倒锤墓碑时，走空确立。若要化解倒锤墓碑，次日只有开高一途。

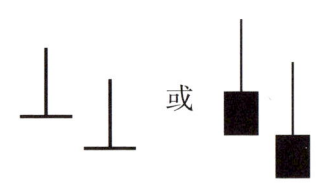

3. 上升排列的倒锤墓碑，意思是第二根 K 线的最高点与最低点都比第一根 K 线的最高点与最低点高。此情形多空未定，必须看明日走势，若明日开低封闭缺口则走空确立。

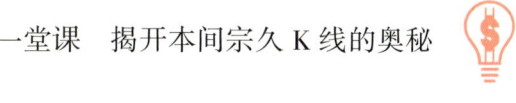

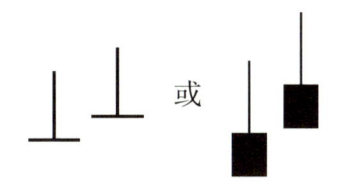

第十一堂课 揭开本间宗久K线的奥秘

第七，寸步趋涨

这是两日K线寸步趋涨的形态。昨日收墓碑线，今天还能跳空开高走高，将墓碑线几乎吞噬。此形态表明明日可能跳空，十之八九会过空方的最高点。

这是从九死一生逆转为九生一死的走势，故明日可能会大涨。

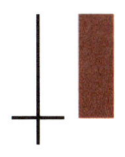

第八，寸步趋跌

这是与寸步趋涨完全相反的走势。寸步趋跌，明日跳空再跌。

大师炼金术

多方量小吞噬空方为强势，宜做多；多方量大吞噬空方为转折，宜观望。吞噬的力道于K线而言，不论多吞噬空或空吞噬多，其转折力道都是最强的。

165

第九，蜻蜓点水

蜻蜓点水之后，开高量出，扶摇直上。

蜻蜓点水之后，开低量缩，倒栽倒地。

蜻蜓线的隔日不可开低或量缩，否则杀声震天，易导致股价大跌。

关于一根日 K 线与两根日 K 线代表的战果，建议去读戴柏仪所写的《K 线理论 从 K 线理论到形态学的演进》第二章，以及李进财、谢佳颖、黄韦中所写的《主控战略 K 线——透析主力操盘的 K 线运用技巧》第一至第三章。

表示多头的三、四根日K线

三、四根日K线乃是多方与空方激战三四天之后呈现出来的战果。它所表示的走多的趋势会比一根与两根日K线更为明确。

这里列举出17种表示多头的三、四根K线。

第一种，长红撑天

这是一种底部反转的形态。从线图可知，前三天都是开盘跳空跌停死锁，而后到了第四天，从开盘的跳空跌停，一直拉升到收盘的涨停。其特征如下：

1. 典型由空转多的反转形态。
2. 经常出现在底部区。
3. 前三天的"一字线"，有时会出现"┯""┷""十"等变形。
4. 第四天巨量长红，成交量会异常增长。

不论多方贯穿空方或空方贯穿多方，达二分之一即属中度攻击，达三分之二即属强势攻击。不论红K线贯穿黑K线还是黑K线贯穿红K线，其转折力道仅次于吞噬。

第二种，大红吃三

股价在下跌走势中，连续出现三根小黑 K 线之后，出现一根带量的中长红 K 线，把前面三根小黑 K 线完全吞噬，此种 K 线形态称为"大红吃三"。其状况如下：

1. 大红吃三有时是一根中长红线吃掉三根小黑 K 线，有时是吃掉四五根小黑 K 线，甚至更多。变盘线（小黑 K 线）愈多，转折力道愈强。

2. 当出现大红吃三时，为强烈反多信号，股价有九成概率会上涨。

第三种，孤子晨星

三根 K 线中，第一根收长黑线，第二根跳空下跌后收一个十字线，第三根跳空上涨后收长红线，此根长红 K 线吞噬第一根长黑 K 线，此种形态称为"孤子晨星"。

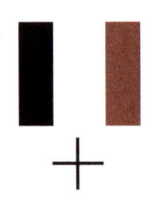

第四种，母子晨星

四根K线中，第一根收长黑线，第二根跳空下跌后收一个小黑线，第三根收一个与前一日小黑线大小相当的十字线，第四根跳空上涨收长红线，此根长红K线吞噬第一根长黑线，此种形态称为"母子晨星"。

倘若母子晨星中的第二根K线是小红线时，反多的力道更强。

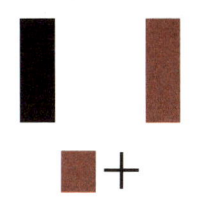

第五种，孪生晨星

四根K线中，第一根收长黑线，第二根跳空下跌后收一个十字线，第三根继续收一个十字线，第四根跳空上涨收长红线，此根长红线吞噬第一根长黑线，此种形态称为"孪生

> **大师炼金术**
> 若形成孕育形态，不论子母变盘或母子变盘，均属即将变盘的线形，一定要格外留意。

晨星"。

第六种，群岛晨星

最左边是一根长黑线，最右边是一根长红线，它吞噬最左边的那根长黑线，而长黑线与长红线底下则是一堆小红小黑夹杂若干十字线，此种形态称为"群岛晨星"。

所谓群岛，指的是那一堆小红小黑夹杂若干十字线的K线，这些K线被一根长黑线与一根长红线围起来，其形状有如一座狭长的群岛，因而得名。

群岛的K线数量不一而足，图中显现的是十根，有时出现五六根，有时七八根，有时会到十几根，这跟整理时间的长短有关，整理时间愈长，根数愈多；整理时间愈短，根数愈少。

群岛晨星常出现在股价循环的底部区。台股第三次循环

第十一堂课　揭开本间宗久 K 线的奥秘

的底部区，即 2001 年 9 月 3 411 点附近的打底形态，就是一个标准的群岛晨星。

第七种，三红报喜

连续三根 K 线都是收长红线，而且成交量愈来愈大，股价也愈来愈高，此种形态称为"三红报喜"。

当 K 线出现三红报喜时，可依钟摆理论测其涨幅，意思是说，三红报喜这三根 K 线从最低到最高的涨幅就是未来的涨幅。

若是三红报喜出现三天两缺口，则为极强势的形态，拉回应加码。此种形态出现时，表示多方气盛，股价欲降不易，可能会再涨。

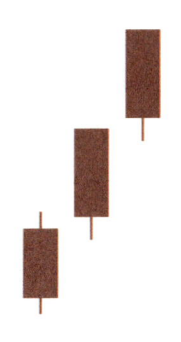

母子变盘比子母变盘更复杂，前者一共有八种形态，后者只有两种形态。

三红报喜常出现在一个循环的起涨区。通常过压之后回调整理，通常跌到第三根长红线的最低点即是好买点。

第八种，二红夹星

三根 K 线中，第一根是长红线，第二根是多空平分的十字线，第三根又是长红线，此种形态的 K 线组合称为"二红夹星"。一星指的是中间的十字线，二红指的是第一根长红线与第三根长红线。

二红夹星的必需条件是：第三根长红线的成交量须大于第一根长红线的成交量。正常的排列顺序是：第三根的成交量大于第一根的成交量，而第一根的成交量又大于第二根的成交量，亦即第三根的成交量最大，第一根的成交量次之，第二根的成交量最小。

若是第三根的成交量小于第一根的成交量，即形成不完全的二红夹星。二红夹星是明显走多的形态，然而，不完全的二红夹星，回来整理后才会再涨，甚至隔天开低就直接下跌，投资人不得不留意。

第十一堂课　揭开本间宗久K线的奥秘

另外，形成二红夹星之后，最后一根长红线隔日若是被长黑线吞噬，则会有由多翻空急跌之走势。否则，二红夹星之后的走势为中继再涨。

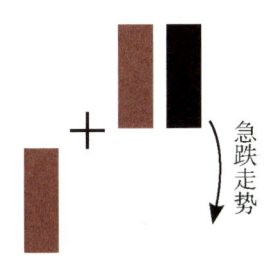

第九种，上升三法

三根K线中，第一根长红线与第三根长红线夹住中间一根较短的黑线，其形状有点像两片吐司夹一根短热狗，此种K线形态称为"上升三法"。

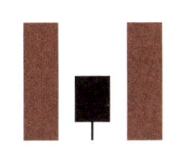

上升三法有一个必要条件：第三根K线必须量出收长红。上升三法出现之后，股价八成会上涨，除非隔日长黑线吞噬掉第三根长红线，如此难得的两成概率现象，必有急跌之势。

上升三法的形态中，并非仅出现两根长红线夹一根小黑线的状况，也可能夹三根或五根，甚至七根、八根等，这些形态亦均属于上升三法。

> **大师炼金术**
> 不论是红K线与黑K线相逢，还是黑K线与红K线相逢，其转折力道都是最弱的。

173

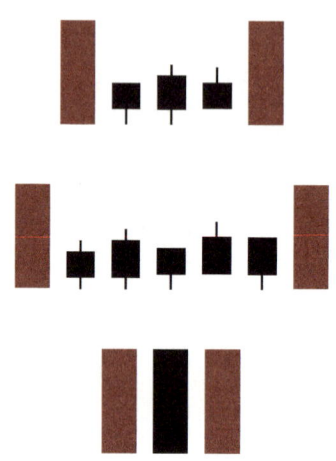

必须留意的是，所夹的小黑线愈多，表示盘整愈久，转折的力道就愈大。

第十种，二红吞黑

三根 K 线中，第二根长红线吞噬掉第一根长黑线，第三根紧接着一根上涨的长红线，大约贯穿第一根 K 线一半处，此种形态的 K 线称为"二红吞黑"。

二红吞黑是相当强烈的起涨信号，其力道大于一红吞黑。通常二红吞黑的隔日不是价收红就是线收红，若量价线

均收红，则中继再涨。

若第一根K线与第二根K线呈现出母子孕育的状况，亦属二红吞黑。

第十一种，一红吞黑

三根K线中，第一根为长黑母线，第二根为小红子线，第三根为长红线，此种形态的K线组合称为"一红吞黑"。

第一根K线与第二根K线的关系：二红吞黑是吞噬，一红吞黑是怀抱，因为吞噬的力道大于怀抱，故二红吞黑的上涨力道大于一红吞黑。

依上涨力道强弱排列，依次为三红报喜、二红吞黑、一红吞黑、二红夹星、走涨阶梯、上升三法。前三者常出现突破后趋势反转上涨，而后三者则不一定。

第十二种，双肩并红

三根 K 线中，第一根是长黑线，而第二根与第三根却是下跌之后并立的长红线，此种形态的组合称为"双肩并红"。

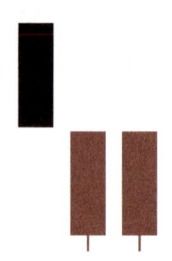

双肩并红，坐地起立，大步向前。这是行情走空一段之后，行情止跌反转走多的信号，只是必要条件是：第三根 K 线成交量必须大于第二根 K 线成交量的三分之一。

此外，第二根长红线与第三根长红线亦常以 T 字形式出现。

第十三种，反锤透红

三根 K 线中，第一根是长黑线，第二根是小黑反锤线或墓碑线，第三根是长红线吞噬了前面两根黑线，此种形态的

第十一堂课　揭开本间宗久 K 线的奥秘

K 线组合称为"反锤透红"。

若是第二根 K 线并非反锤线或墓碑线，而是一根长黑线时，此种形态亦属反锤透红。

反锤透红常出现在中期底部反转区，但投资人因不知而错失买点。

第十四种，下肩缺口

三根 K 线中，第一根为长黑线，第二根为跳空下跌留有缺口的长黑线，第三根长红线填补前述的缺口，此种形态的 K 线组合称为"下肩缺口"。

> 大师炼金术
>
> 倒锤墓碑不论是以何种形态排列，都是走空的信号。

177

有口诀云：一日之内缺口被多方封闭，必涨；三日之内缺口被多方封闭，九生一死；五日之内缺口被多方封闭，半生半死。

很明显，下肩缺口中的缺口在三日之内被多方封闭，故九生一死，九成概率会上涨。

第十五种，走涨阶梯

三根 K 线中，第一根是长红线，第二根是长黑线，第三根是长红线；而且第二根长黑线贯穿第一根长红线的三分之一，而第三根长红线又贯穿第二根长黑线的三分之一，此种形态的 K 线组合称为"走涨阶梯"。

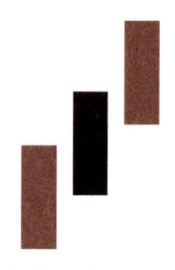

因为第二根黑 K 线与第一根红 K 线的成交量没背离，故会出现第三根长红线。

走涨阶梯与一星二阳的形态类似，两者的差别在于：前者中间那一根是长黑线，而后者中间那一根是十字线。不过，一星二阳走多的力道强于走涨阶梯，而走涨阶梯走多的力道又大于上升三法。

走涨阶梯出现后，当第三根长红线的最高点被突破、最低点回测不破时，则可认定趋势为走多，此时应积极进场买多。

第十六种，信鸽返巢

四根K线中，第一根与第二根都是长黑线，第三根是出现跳空下跌但带有长下影线的小红锤子线，第四根为跳空大涨的长红线，其最高点越过第二根长黑线的最高点，形成吞噬，此种形态的K线组合称为"信鸽返巢"。其特征如下：

1. 信鸽返巢是空翻多变盘信号，常出现在下跌行情整理的末端。

2. 第三根带有长下影线的锤子线，表示多头反扑进场买进，此根量愈大愈好，下影线愈长愈好，跳空愈低愈好，上述三者均表示变盘信号愈强。

3. 第四根长红线吞噬第二根长黑线，表示盘势明显已由空转多，投资人应积极进场买进。

长红撑天与大红吃三的K线形态，都是强烈的由空反为多的信号。

第十七种，慈乌反哺

四根 K 线中，第一根与第二根都是长黑线，第三根出现带有长上影线的反锤线或墓碑线，第四根则为跳空大涨吞噬掉第二根长黑线与第三根反锤线的长红线，此种形态的 K 线组合称为"慈乌反哺"。其特征如下：

1. 慈乌反哺是空翻多变盘信号，常出现在下跌行情整理的末端。

2. 慈乌反哺与信鸽返巢形态类似，差别仅在第三根 K 线，前者为带有长上影线的反锤线，后者为带有长下影线的锤子线。

3. 第三根带有长上影线的反锤线，表示多方在此处奋力反击，此根量愈小愈好（表示空方力量减弱），上影线量愈多愈好（表示多方积极进攻力道），上述两者均表示变盘信号变强。

4. 把四根 K 线从中间切开来，第三根与第四根形成典型的寸步趋涨，故隔日会大涨。

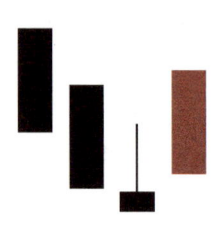

5. 慈乌反哺与反锤透红的形态亦类似，差别在前者多了一根长黑线，这表示它是处在一个持续下跌走势之后的反转形态，故其翻多的力道自然要强于反锤透红。

表示空头的三、四根日K线

三、四根日K线乃是多方与空方激战三四天之后呈现出来的战果。它所表示的多空趋势会比一根与两根日K线更为明确。

这里列举出十七种表示空头的三、四根日K线。

第一种，大黑吃三

股价在上涨走势中，连续出现三根小红K线之后，出现了一根带量的中长黑K线，这条黑K线把前面三根小红K线完全吞噬，此种K线组合的形态称为"大黑吃三"。

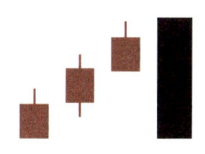

大黑吃三有时是一根中长黑线吃掉三根小红K线，有时是吃掉四五根小红K线，甚至更多。变盘线（小红K线）愈多，转折力道愈强。

当出现大黑吃三时，为涨多之后获利回吐的现象，为强烈的反空信号，股价有九成概率会下跌。

第二种，孤子夜星

三根 K 线中，第一根收长红线，第二根跳空上涨后收一个十字线，第三根跳空下跌后收长黑线，此根长黑 K 线吞噬第一根长红 K 线，此种形态即称为"孤子夜星"。

此形态为强烈变盘信号，若是第三根长黑 K 线带量重挫，则走空趋势更为明确。

口诀：左缺右口，量价背离，趋势转空。只要成交量相较前一天增加 50%，或减至当天一半的量，均为背离。量价背离就会有转折。

第三种，母子夜星

四根 K 线中，第一根收长红线，第二根跳空上涨后收一个小红线，第三根收一个与前一日小红线相当的十字线，第四根跳空下跌后收长黑线，此根长黑 K 线吞噬第一根长红 K 线，此种形态即称为"母子夜星"。

第十一堂课 揭开本间宗久K线的奥秘

母子夜星亦为强烈的变盘信号，若是第一根长红线的最低点被有效跌破，则走空趋势更为明确。

第四种，孪生夜星

四根K线中，第一根收长红线，第二根跳空上涨后收一个十字线，第三根继续收一个十字线，第四根跳空下跌收长黑线，此根长黑线吞噬第一根长红线，此种形态称为"孪生夜星"。

孪生夜星比孤子夜星多了一个十字线，变盘线愈多，转折力量愈强，故前者转空力道比后者更强烈。

值得留意的是，这两个十字线中，其中有一根的成交量会与第一根长红线的量差很多，形成明显的量价背离。

第五种，群岛夜星

最左边是一根长红K线，最右边是一根长黑K线，长黑

大师炼金术 — 群岛晨星常出现在股价长期循环的底部区，若出现此难得的买进良机，一定要好好把握。

183

K线吞噬长红K线，而在两者上面是一堆小红线、小黑线夹杂若干十字线，此种形态称为"群岛夜星"。

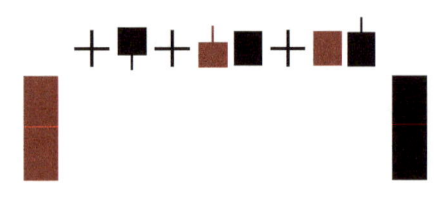

所谓群岛，指的是那一堆小红线、小黑线夹杂若干十字线的K线，这些K线被一根长红线与一根长黑线围起来，其形状犹如狭长的群岛，于是得名。

群岛中的K线数量不太一定，图中显现的是八根，有时出现五六根，有时七八根，有时会到十几根，这和整理时间的长短有关。一般来说，比较有可能出现的根数是斐波那契数列中的5、8、13等。当然，根数愈多即是变盘线愈多，将来转空的力道将愈强。

群岛夜星常出现在上涨达一定幅度的中期头部或长期头部。此种形态出现后通常会出现波段跌幅，不可不慎。

第六种，三鸦报丧

连续三根K线都是收长黑线，不但股价愈来愈低，而且只要其中一根出现大量，此种形态即称为"三鸦报丧"。

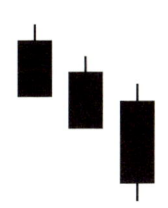

第十一堂课　揭开本间宗久 K 线的奥秘

口诀：三鸦报丧，反转俯冲，反弹反空。意思是：只要见到此形态，即可确认趋势将反转走空；倘若股价有反弹至巨量长黑线最高点，在此处不但要抛多单，而且要放空，这里是最佳放空点，其放空的胜算高达九成。

若是三鸦报丧出现三天两缺口的形态，则其走空的趋势将更为明确。

相比三红报喜，三鸦报丧的条件宽松，只需一根巨量长黑即成立；三红报喜则需量价均愈来愈大才成立，条件较严格。

第七种，二黑夹星

三根 K 线中，第一根是长黑线，第二根是多空平分的十

> **大师炼金术**——K 线的形态不论是出线三红报喜、二红夹星还是上升三法，都是股价走多的信号。

185

字线，第三根是长黑线，此种形态的 K 线组合称为"二黑夹星"。一星指的是中间的十字线，二黑则是指第一根长黑线与第三根长黑线。

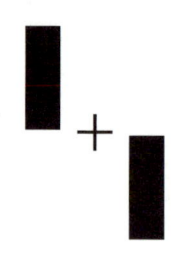

二黑夹星是下跌走势中常见的形态。二黑夹星，中继再跌，故跌势仍将继续。不过，若是第三根长黑线隔日被一根长红线吞噬，则会出现由空翻多上涨之走势。

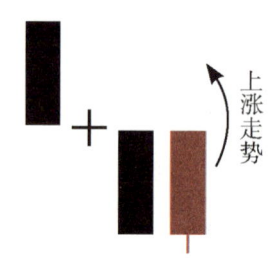

第八种，下降三法

三根 K 线中，第一根长黑线与第三根长黑线夹住中间一根较短的红线，其形状有点像两片吐司夹一根短热狗，此种 K 线形态称为"下降三法"。

第十一堂课　揭开本间宗久K线的奥秘

下降三法在股价走弱下跌的趋势中经常会出现。下降三法出现之后，股价八成会下跌，除非隔日长红线吞噬第三根长黑线。如此难得的两成概率出现之后，必有大涨走势。

下降三法的形态中，两根长黑线并非仅出现夹一根小红线的状况，也可能夹三根或五根，甚至七八根等，这些形态亦均属于下降三法。

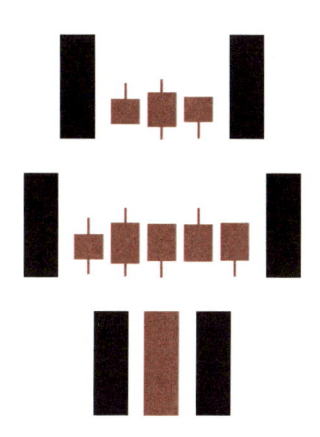

第九种、二黑吞红

三根K线中，第二根长黑线吞噬第一根长红线，第三根紧接着又是一根下跌的长黑线，大约贯穿至第二根K线的二分之一处，此种形态的K线称为"二黑吞红"。

K线的形态不论出现二红吞黑还是一红吞黑，都是股价走多的信号。

187

二黑吞红是相当强烈的常见起跌信号，其力道强过一黑吞红。通常二黑吞红的隔日不是价收黑就是线收黑，若量价线均收黑，则中继再跌。

若第一根K线与第二根K线呈现出母子孕育的形式，亦属二黑吞红。

第十种，一黑吞红

三根K线中，第一根为长红线，第二根为小黑线，第三根为长黑线，此种形态的K线组合称为"一黑吞红"。

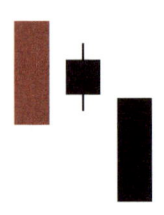

第一根K线与第二根K线彼此之关系，二黑吞红是吞

第十一堂课　揭开本间宗久K线的奥秘

噬，而一黑吞红则是孕育，因为吞噬的力道大于怀抱，故二黑吞红的下跌力道大于一黑吞红。

依下跌力道强弱排列，依次为：三鸦报丧、二黑吞红、一黑吞红、二黑夹星、走跌阶梯、下降三法。前三者常为真跌破的下跌，后三者则不一定。

第十一种，双肩并黑

三根K线中，第一根是长红线，而第二根则是与第一根相逢的长黑线，第三根则是与第二根并立的长黑线，此种K线形态的组合称为"双肩并黑"。

双肩并黑，并坐齐跌。这是行情走多一段之后，高点卖压沉重，多方力竭且空方转弱，连续两天收低，为走跌趋势信号。这一形态的必要条件是：第二根K线与第三根K线之间有一根量是另一根量的三分之一，而且这两根K线的最低点被跌破。

此外，第二根长黑线与第三根长黑线亦常以反锤线或墓碑线形式出现。

大师炼金术

依照上涨力道强弱排列，依次为三红报喜、二红吞黑、一红吞黑、二红夹星、走涨阶梯、上升三法，前三者常出现真突破后趋势反转上涨，后三者则不一定。

189

墓碑线

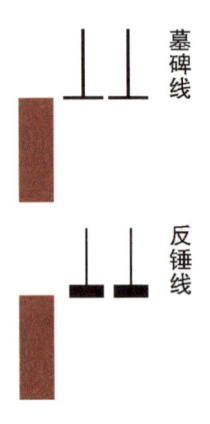

反锤线

第十二种，乌云罩顶

在上涨走势中的三根 K 线，第一根是长红线，隔天延续多头气势开高，不料结果收长黑线，与第一根 K 线形成贯穿，第三根则是开低走低的长黑线，此种形态的 K 线组合称为"乌云罩顶"。

乌云罩顶的形态类似二黑吞红，差别在于前者为长黑线贯穿长红线，后者为长黑线吞噬或孕育长红线。二黑吞红的空方力道要强于乌云罩顶。

对空方而言，有三点必须留意：

1. 跳空愈高愈好。就两日线形而论，一日封闭缺口，必死无疑。
2. 贯穿愈深愈好，代表空方力道愈强。
3. 第二根长黑线的量愈大愈好。

乌云罩顶出现后，若发生量价背离，或是跌破长红线最低点，则走空趋势将更为明确。

第十三种，上肩缺口

三根 K 线中，第一根为长红线，第二根为跳空上涨留有缺口的长红线，为强势且量多的上涨之势。不料第三根却出现反转的长黑线，其最高点在第二根长红线近二分之一处，最低点则封闭缺口。此种形态的 K 线组合称为"上肩缺口"。

有口诀云：一日之内缺口被空方封闭，必死无疑；三日之内缺口被空方封闭，九死一生；五日之内缺口被空方封闭，半生半死。

信鸽返巢是空翻多的变盘信号，常出现在下跌行情整理的末端。

上肩处的缺口，在三日之内被空方封闭，故九死一生，九成概率会下跌。若是股价跌破第一根长红线的最低点，则走空趋势更为明确。

第十四种，走跌阶梯

三根K线中，第一根是长黑线，第二根是长红线，第三根是长黑线；而且第二根长红线贯穿第一根长黑线的三分之一，而第三根长黑线又贯穿第二根长红线的三分之一，此种形态的K线组合称为"走跌阶梯"。

因为第二根长红线与第一根长黑线的成交量没背离，故会出现第三根长黑线。即使第二根长红线的量大于第一根长黑线的量，量大贯穿却为弱势，仅仅为多方抵抗。

走跌阶梯与二黑夹星的形态类似，两者之差别在于：前者中间那一根是长红线，而后者中间那一根是十字线。不过，二黑夹星走空的力道大于走跌阶梯，而走跌阶梯走空的力道又大于下降三法。

第十五种，荆天棘地

在上涨走势中，连续出现三根红K线，虽然每天都在上涨，然而每天都留下长的上影线，而且涨幅愈来愈小，成交量愈来愈大，此种K线形态的组合称为"荆天棘地"。

荆天棘地常出现在涨势末端，上影线长表示上档卖压沉重；涨幅愈来愈小，成交量愈来愈大，是主力出货的现象。

荆天棘地的K线形态与三红报喜相似，投资人必须小心分辨：

1. 荆天棘地有长上影线，三红报喜通常没有上影线，即使有也是短短的，K线的形态明显不同。

2. 荆天棘地出现在头部区，而三红报喜则出现在底部区，两者在循环中出现的位置大不相同。

3. 两者都是成交量愈来愈大，股价也是愈走愈高，可是只有荆天棘地会出现涨幅愈来愈小的现象。

第十六种，跳空遇鬼

在上涨走势中的三根K线，第一根是长红线，隔天延续

> 慈乌反哺也是空翻多的变盘信号，常出现在下跌行情整理的末端。

多头气势跳空开高，但收盘却是收低点的长黑线，第一根 K 线与第二根 K 线之间留有缺口，第三根则是开低走低的长黑线，而且此长黑线还封闭了前面的缺口，此种形态的 K 线组合称为"跳空遇鬼"。

跳空遇鬼的形态很像前述的乌云罩顶，差别仅在于：前者第二根 K 线与第一根 K 线之间有跳空缺口，后者第二根 K 线与第一根 K 线之间形成贯穿。两者均为强烈的走空信号。

跳空遇鬼还区分为跳空遇大鬼或是跳空遇小鬼。假设第一根长红线成交量为 1 000 亿元，第二根跳空长黑线成交量为 1 500 亿元，那就是跳空遇大鬼；若是第一根长红线成交量为 1 000 亿元，第二根跳空长黑线成交量 500 亿元，那就是跳空遇小鬼。不论跳空遇见大鬼还是小鬼，必定都是成交量出现背离而长线收黑。

第十七种，双鸦扑空

在上涨走势中的三根 K 线，第一根是长红线，隔天延续多头气势跳空开高，但收盘却是收低点的小黑线，第三天也

第十一堂课 揭开本间宗久 K 线的奥秘

是开高走低的长黑线，第三根 K 线与第二根 K 线间形成子孕育线，而且第一根 K 线与第二、第三根 K 线之间留有缺口，此种形态的 K 线组合称为"双鸦扑空"。

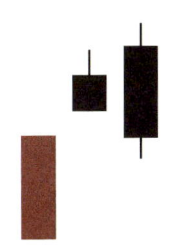

双鸦扑空的第二根黑线与第三根黑线，必定有一根的成交量与第一根长红线的成交量背离。成交量背离的意思是加减 50%，比如第一根长红线的成交量为 900 亿元，而第二根长黑线的成交量为 1 350 亿元，这就是成交量背离。

双鸦扑空是强烈的反空信号。

读完表示多头与空头的三、第四根 K 线之后，若觉得意犹未尽，建议你去读戴柏仪所著的《K 线理论》第三章"K 线组合"、第五章"K 线组合运用"，以及李进财、谢佳颖、黄韦中所写的《主控战略 K 线》第四章"三根 K 棒的实战运用"。另外，史蒂夫·尼森（Steve Nison）所写的《日本蜡烛图技术》（*Japanese Candlestick Charting Techniques*）亦可参阅。

> 大师炼金术
>
> 当 K 线形态出现大黑吃三时，为涨多之后获利回吐的现象，也是强烈的反空信号，股价有九成概率会下跌。

一堆日 K 线代表的多空趋势

两三根 K 线的组合固然有力量，但真正影响多空趋势的是一堆日 K 线组合成的形态。研读 K 线，必须从一根、两根、三根逐渐到一组、一堆、一大片。

我经常会从日 K 线的形态、关键 K 线、成交量、量价变化、时间波与空间波的修正、大股东的动态，去分析或多或空趋势的走向。

此处所谓一堆日 K 线，指的是多方与空方激战或 8 天、或 13 天、或 21 天、或 34 天、或 55 天之后，呈现出来的多空趋势。8 天、13 天、21 天、34 天、55 天乃是斐波那契数列展现的转折力道，请参阅拙作《看准位置，只赚不赔》第四章"时间理论"。

通常整理的天数愈长，其形成之形态就愈明显，其展示多空趋势的力道就更为明确。这属于形态学的范畴，我建议大家参阅郑超文的《股价形态大赢家》与戴柏仪的《K 线理论》第七章"形态学"。

特别提醒，要从一堆日 K 线中分析多空的趋势，千万不要错过李进财、谢佳颖、黄韦中所写的《主控战略 K 线——透析主力操盘的 K 线运用技巧》第七章"实战综合运用"、第八章"主控盘实战综合运用"。

第十一堂课　揭开本间宗久K线的奥秘

看图千遍，其义自现

"看图千遍，其义自现"，这是读懂一堆K线形态最重要的口诀。这句话不是我说的，记得是短线高手阿鲁米说的。

看图，当然指看江波图、五分线图、日K线图、周K线图、月K线图。观看这些K线图切记：必须从一根、两根、三根逐渐到一组、一堆、一大片。因此我分析K线，常常是看半年、一整年，甚至两三年的。毕竟真正影响到多空趋势的，一定是一堆K线组合成的形态。

江波图与五分线图看的是极短线，适用于"当轧"赚价差，我知道极短线高手非常重视这一区块。平时我看盘最重视的是日K线与月K线，日K线找切入点，月K线看长期趋势，周K线看中期多空力道的强弱。

浪

面对本间宗久大师，我想用一个"浪"字做这一章的总结。

浪就是波浪，波浪的走势就是股价的特性，也是最大的

> **大师炼金术**
>
> 不论孤子夜星、母子夜星或孪生夜星，这些K线形态表现的是由多翻空的信号。群岛夜星常出现在高档或阶段性的头部，不可不慎。

奥秘。

股价波浪般的特性，是由查尔斯·亨利·道在 1900 年左右发现的。不论江波图、五分线、日 K 线、周 K 线、月 K 线，全都脱离不了波浪般的走势。

坊间推崇艾略特的波浪理论，其实我个人更喜爱道氏循环理论，其中揭示的 12345 浪和 ABC 浪的波浪般走势，虽然简单，却极为实用，非常适合小抄底（3~6 个月短线价差派）的运用。关于这点，第十二堂课有进一步的解说。

另外，好好运用"浪"的特性，观五分线与江波图即可来来回回做短，大赚每天的价差。我认为极短线的高手也是利用此特性大赚钱。

你若是有心人，耐心地从月 K 线观其 10 年的大浪，必能发现怎么来就怎么去，怎么去就怎么来，非常神奇。

本章的研究成果乃是对 K 线大师本间宗久致敬，我认为他是高手中的高手，否则不可能在当时江户的米市无往而不利。他能把每天开盘价、收盘价、最高价、最低价画成 K 线，展现出多空的力道与趋势的方向，实在是了不起的天才。

坊间出版的有关本间宗久的著作，经我分析皆粗糙简陋，不堪深读，应属赝品。

我从 K 线、K 线形态、成交量、时间波与空间波的修正、主力的思维、大股东的动态、循环的满足，隐隐约约触碰到本间宗久大师的衣角了。

第十二堂课

从大抄底演进到小抄底

从大抄底转向小抄底,
视野变宽了,机会变多了。
仅仅观念上的小转变,却产生了操作上的大创新。

抄底是我的信仰，因此我著有抄底三书。我从大抄底演进到小抄底完全是意料之外的事。我在 2008 年底大抄底成功，在接下来的一两年售出持股之后，因等待时间超过原先预期的 7 年，于困顿之中，终于在 2020 年悟出了小抄底。

做小抄底的是 3~6 个月的短线投资者

短线价差派可区分为帽客与短线客。

帽客指一天之内在号子里抢进抢出，当天冲销以赚取价差的人。他们针对一只股票，当天买，当天卖；或是当天卖，当天补回（俗称"当轧"）。这种操作称为"抢帽子操作法"或"当日冲销操作法"（操作期指亦属此范畴）。

至于短线客，顾名思义就是从事短线操作的人，只是持股时间可能是一两天或数天，稍长于帽客。

还有一种短线投资者，其持股时间或达数周，甚至 3~6 个月，长于短线客，钟爱小抄底的我即属此类。

总而言之，帽客持股时间以小时来计算，短线客以天数来计算，短线投资客以周或月来计算，他们统称为短线价差派。小抄底必须掌握股市中的气、机、势，求取波段的利润，操作 3~6 个月的当红热门股。这需要很强的 K 线能力与看盘功力，其中必须观其气之形成，好好掌握其中的机，最后顺

第十二堂课　从大抄底演进到小抄底

势而行。

短线价差派颠覆了我在《抄底实战66招》中第10招的看法：大钱留给中长线的人赚。事实上，短线如果操作得当，其利润并不亚于中长期投资，甚至可能会超过中长期投资。

小抄底最厉害之处就是，利用股价波动的特性，赚足每天空间波与时间波的利润。空间波指的是每天起伏涨跌之间的价差，时间波指的是充足运用股市一年240天营业日，任何一天都不轻易放过。

我简单算一笔账给大家瞧瞧（第二堂课里说过，此处再说一次）：台股每年平均有240天交易日，假设投资100万元，每天做短当帽客，或高出低进或低进高出，平均只要有3%的利润就是3万元，3万元乘以240天就是720万元，那是本金100万元的7.2倍，利润惊人。

从大抄底转向小抄底，视野变宽了，机会也变多了，仅仅观念上的小转变，却产生了操作上的大创新。

高手的两个脑袋

从事小抄底，你必须拥有高手的两个脑袋，指的是脑袋需同时并存着两种冲突的想法。

举例来说，大抄底的长线抄底派与小抄底的短线价差派，

> 大师炼金术
> K线的形态不论出现二黑夹星、下降三法还是二黑吞红、一黑吞红等，都是股价走空的信号。

是两种脑袋；小抄底中的支撑与停损是一线之隔，是两种脑袋；短线中的左侧交易（买撑）与右侧交易（买攻），是两种脑袋；多头行情中高低档的资金配置与持股时间，是两种脑袋（高档少资金，短期持股；低档多资金，长期持股）。

小抄底的依据：皮球理论

2020年，我最大的体悟是大抄底中的小抄底。我著有抄底三书，是抄底的信仰者，若抄底成功平均约有5倍的利润，但最大的问题是等待时间太长，通常台股走完一个循环平均需要7年，而此次更长。因此，在困顿的2020年我顿悟出大抄底中的小抄底。

小抄底指的是3~6个月小级别的反弹行情（请留意，并非大级别的回升行情），它不像大抄底有高达5倍的利润，但只要掌握小抄底中每次一两倍左右的利润，累积起来也相当惊人。

理论上，小抄底着眼于未来3~6个月的反弹趋势，你要好好去想未来3~6个月的主流趋势是什么类股，其中最强的又是哪一档股，想通这一点，你就胜券在握了。

从大抄底演进到小抄底，"皮球理论"是重要的依据，简单说明如下。

第十二堂课　从大抄底演进到小抄底

1. 大牛市的回升行情平均每 7 年遇见一次（有时更久），最常见的是小级别的反弹行情，一定要懂得把握。

2. 反弹的种类。

（1）平台整理的技术性反弹：最为常见。

（2）深跌之后的乖离反弹：常出现在波段跌幅之后。

（3）报复性反弹：跌很久又很深的无基之弹，少见。

（4）中级反弹：反弹的强度与长度达到一定程度。

3. 选球（股）的技巧。

（1）选弹性好的球：股性活泼，弹得好。

（2）选跌得快的球：跌得快，通常涨得也快。

（3）选跌得深的球：跌得深，反弹幅度高；指跌到主力成本区。

（4）选小的球：股本小，跳得高。

（5）选气足的球：气足，弹必高；指有题材。

（6）用技术选球：切记！技术分析是用来短线选股的。

4. 拍球的技巧。

（1）资金的控管。

（2）切入点的掌握（建议从 5 分钟 K 线切入）。

（3）满足点的掌握。

（4）干净利落，谨防遭套。

5. 反弹的难题。

最大的困难在于转折点的拿捏与掌握，这需要深厚的看

大师炼金术

依照下跌力道强弱排列，依次为三鸦报丧、二黑吞红、一黑吞红、二黑夹星、走跌阶梯、下降三法，前三者为真跌破的下跌，后者则不一定。

K线的功力，此部分请参阅第十一堂课"揭开本间宗久K线的奥秘"。

另外，如果反弹不够强，反弹趋势不明显，不可以投机；贸然去抢反弹，常会被倒打一耙。

6. 反弹的获利。

千万别小看反弹的获利，它常以倍数计算，可累积小胜为大胜。

我常把大抄底与小抄底比喻成宫本武藏的长短刀，长刀虽然威猛，但夺命的却是短刀。

我喜欢我的朋友许志荣对大小抄底的解释，他说："大抄底加小抄底就是长刀短刀灵活搭配。大抄底的特性是高报酬、低风险，但是出手的频率太低。小抄底常常有操作机会，但能否赚钱会因操作者的功力不同而结果完全不同。双抄底不但解决了出手频率的问题，而且心态可以更平衡，既能以长护短，也能以短护长。"

小抄底的重要心法：
撑与跌，攻与涨，大不相同

就短线而言，依数十天的日K线形态，有人喜欢在形态的左侧交易，有人钟情在形态的右侧交易。我是左侧交易多

第十二堂课　从大抄底演进到小抄底

于右侧交易，依股价走势灵活交叉运用。

如果在进行左侧交易且想买在股价下跌整理之时，操作者必须精通 K 线理论，算准下跌的时间波与空间波，然后买在支撑之处，买撑不买跌，买撑接下来会涨，买跌还会继续下跌。

如果在进行右侧交易且想买在股价上涨攻击之时，操作者必须买在股价攻击的瞬间，买攻不买涨，买攻之后安心等待上涨。买涨就是追高，追高容易被套。买攻与买涨差之毫厘，失之千里。

买撑不买跌，买攻不买涨。此法看似简单，其实深奥，若能悟透其中的心法，短线无往而不利！我只能告诉你大原则，个中微妙之处必须自己去体会。

还有，从事小抄底一定要忘记八波段的波浪理论，牢记 12345 浪和 ABC 浪及上升三波，下跌也是三波的道氏理论，这是重要的心法，切记！切记！

小抄底制胜关键：赚大赔小

有人统计过，资质中等的股民与顶尖的操盘手于股市中对盘势多空分析的准确性，其实差别不大，影响他们操作绩效的最大因素就在于前者赚小赔大，而后者赚大赔小，如此

> 大师炼金术
>
> K 线走出乌云罩顶、上肩缺口、走跌阶梯的形态，表示股价走空。

而已。

一般股民在买进股票之后，若股价上涨，通常涨一些，甚至涨一点点就急着获利了结；若股价下跌，则长抱不卖，亏的反倒是一大箩筐。

顶尖操盘手的做法刚好相反，若股价上涨，一定长抱不放，等赚饱赚足，赚满整个波段之后才会松手；若股价下跌，必定严设停损点走人，绝对不会让损失扩大。他们制胜的秘诀就在于赚大赔小，如此而已。

日本的散户之神 CIS 于 2000 年以 300 日元起家，2005 年赚进 6 亿日元，到了 2008 年身价高达 230 亿日元，18 年间的年化报酬率达 60% 以上。他公开成功的诀窍，即是"顺势操作、大赚小赔、严控风险"。

小抄底成功的 15 个要件

大抄底若要成功，必须满足《逮到底部，大胆进场》第一章所提出的 11 个条件；至于小抄底（赚取短线价差）若要成功，则根据个人的操作经验，必须满足下面的 10 个条件，满足条件愈多，愈容易成功。

第十二堂课　从大抄底演进到小抄底

第一，空间波的修正

下跌的修正包括空间波的修正与时间波的修正。空间波的修正指的是下跌的幅度。一般来说，空间波修正的满足点常出现在下跌的25%左右，因为这个点刚好在丙种断头25%之后的35%左右。

我常常觉得，股票最大的利多就是多头市场中股价回调25%～35%，然后来个利空测底，此时乃最佳买进点。

根据我的实战经验，有些投机性高的股票其下跌修正的幅度高达55%左右，这一点请投资人特别留意。

第二，时间波的修正

时间波的修正指的是下跌的天数。修正的天数与斐波那契数列有关，可区分为短期的修正与长期的修正。

3天、5天、8天、13天的修正均属短期的修正；至于长期的修正，会达21天、34天、55天甚至89天。其实，修正天数的长短，要看主力的意愿，当主力发现卖压不大时，修正的天数会趋短；当主力发现卖压沉重时，修正的天数会拉长。

第三，逮到那一波的热门股

想要买股票每次都能赚到钱，一定要挑选那一只大家都

> 荆天棘地常出现在涨势末端，上影线长表示上档卖压沉重；涨幅愈来愈小，成交量愈来愈大，这是主力出货的现象。

认同的热门股。切记不要去买自己认定的热门股,人气聚集的热门股聚集了人气,才会形成沛然不可挡之趋势。

举世闻名的经济学家凯恩斯针对投资股票说了一句发人深省的话,他说:"投资股票就像选美一样,千万不可单凭自己的喜好,一定要顾及大多数人的想法。"

凯恩斯是抄底的先驱者,他历经美国道琼斯指数史上1929年的大崩盘(1929年10月崩盘,股价惨跌87%,持续了33个月的空头行情),财富因此大幅缩水。但他掌握了恐慌时期道琼斯指数的底部,大胆抄底,财富从仅剩的两成,不到10年增至60倍,以相当于今天9亿元的身家辞世,他是少数在股市赚到大钱的经济学家。

第四,平台整理的现象

股价在经过空间波的修正之后,常会出现平台整理的现象,这是延续空间波修正之后的区间整理。平台整理的时间与斐波那契数列也有关,短则5天、8天、13天,长则21天、34天、55天。

平台整理的上上下下会形成一个股票箱体,在此股票箱体内来回操作,赚取价差。方法如下:

1. 观察股价的平台整理,在搞清楚股价的支撑与压力后,当股价回跌至底部的支撑带就买进,上涨至头部的压力带就卖出,不断地来回操作,从中赚取价差。

2. 必须每天留意股票箱内的变化，即股价是否突破了压力带，或是跌破了支撑带。若是突破了压力带，表示平台整理结束，将翻空为多；若是跌破了支撑带，表示股价将继续下跌，会跌到下一个股票箱体。

3. 当平台整理的股票箱体发生变化时，投资人必须在新的股票箱体被确认之后，才可以安心地在新的股票箱体内短线操作。

第五，股性的考虑

人有人性，股有股性。每只股票跟人一样，都具备了不一样的个性，我们把股票的个性称为股性。经验告诉我们，曾经飙涨过的股票，经过一段时间的沉淀整理，再次飙涨的可能性最大。

2021 年最知名的飙股当属美国纳斯达克的游戏驿站（GameStop Corp.），它的股价从 1 月上旬的 20 美元左右，在短短 10 多个交易日内飙涨至 483 美元；而后在 2 月中旬又跌回 38.5 美元，之后在 3 月上旬再度飙涨至 348.5 美元。此一现象告诉我们，曾经飙涨的股票经过一段时间的整理，再度飙涨的概率很大。

另外，也必须考虑股本。股本太大的股票，因筹码分散，拉抬不易，一般以股本在 50 亿元以下者为宜。

第六，族群的概念

选股只考虑股性还不够，必须还要有族群的概念。族群的概念近似类股，但它比类股的范围更为缩小些，涨跌的关键更为紧密些。

举例来说，美股 WallStreetBets 论坛（简称 WSB）的族群就有游戏驿站（GME）、高斯电子（KOSS）、AMC 院线（AMC）、黑莓公司（BB）、诺基亚（NOK）等，他们通常有一档最强的领头羊，然后经常有齐涨齐跌的现象，这是彼此拉抬，相互影响。通常我们一定要挑选其中的领头羊，因其最彪悍，涨幅也最大。当然，在 WSB 中，一定要选游戏驿站（留意领头羊有时会换）。

再以美股铁矿砂为例，其族群就有克利夫斯自然资源（CLF）、淡水河谷（VALE）、泰克资源（TECK）、力拓集团（RIO）、必和必拓公司（BHP），其中的领头羊是克利夫斯自然资源，因此若要操作铁矿砂，必须以其为标的。

第七，类股的轮动

除了族群的概念，类股的轮动也很重要。为何类股会轮动呢？因为要轮流涨、轮流休息，甲类股涨了一段时间之后就会回调休息，换乙类股涨；乙类股涨了一段时间之后，又轮到甲类股回来涨。如此循环不已。

第十二堂课　从大抄底演进到小抄底

我记得短线高手阿鲁米说过:"盘整之后就是趋势,趋势之后就是盘整,盘整完之后一定会有方向。"他所说的"盘整"与"趋势"就是轮动。

科斯托拉尼教我股价一定有循环(好好去看他的股价涨跌循环图,或看拙著《抄底实战66招》第208页)。他还有一句最经典的名言:买进的时间点就决定了赚赔。科斯托拉尼所指的买进时间点,正是某一类股轮动整理完毕、正要起涨的那一瞬间。

第八,单一公司研究到极致

指的是你对这家即将要投资的公司必须彻底了解,内容包括:

1. 可能公司资本额在20亿元以下。

2. 可能公司股性投机,虽仍未获利,但在主力介入炒作之下,股价曾经飙涨。

3. 观察公司10年内的日K线图及30年内的月K线图。

4. 大股东的习性(是否爱炒股)及其最近1年内的买卖情形,特别留意大笔敲进的时点与股数。

5. 公司的类股是否为"当红炸子鸡",比如说疫情初期的医药股与疫情中期的航运股。

6. 从周K线去看出量,如果该公司的股票在月K线形成明显的大红K线,则是主力吃货的证据。

> 大师炼金术
>
> 平时我看盘最重视的是日K线与月K线,日K线找切入点,月K线观长期趋势,周K线观中期多空力道的强弱。

7. 留意公司是否有倒闭退市的危机。

第九，割肉养虎

这是我在面对短暂空头势之时，偶尔会用的狠招。

这里的"虎"指的是明显的空方势，"割肉"指的是明明亏钱，却断然砍掉手中持股的一半之后，寻找下方的支撑点再买回来。

卖掉一半的妙用是，进可攻，退可守，万一看错趋势，仍有剩下的一半。

割肉养虎是在面对短暂空头势之时，不甘心停损的一种做法。一则能平衡自己的心态，二则能有效降低成本，不至于白白挨打却束手无策。

使用这一招必须有很强的K线解析与看盘功力，能够有效地逮到下跌后的有效支撑点，否则当股票一跌再跌时，则永无宁日了。

此招只能意会，很难言传，仅赠有缘人。我的经验是，老虎一旦吃过你割的肉，它就不再咬人了，你就准备御虎而行吧！

第十，埋伏的左侧交易

小抄底的左侧交易买撑不买跌，买撑之后会上涨，买跌之后会继续下跌。

第十二堂课 从大抄底演进到小抄底

埋伏首先考虑时间波的修正，最常见的是 21 天、34 天、55 天。其次考虑的是空间波的修正，常见的是 25%、35%（强势股），当然也不排除 50% 甚至 60%（比较投机的股）。

左侧交易我最爱的是平台整理，整理时间愈长，未来的涨幅愈大。另外，可在平台整理期间，在股票箱体之内高出低进，赚足价差。

埋伏还需留意一大片日 K 线的形态，小抄底追逐 3~6 个月的行情，故须分析 3~6 个月 K 线形态中有力的支撑点。好好去读本书第十一堂课。

利弗莫尔的最小阻力点或买撑或买攻，我比较爱买撑，较少去买攻，买攻如果误判，很容易变成追涨，追涨就会被套。

埋伏还需要很大的耐心，没有耐心逮不到猎物，好好领会《跃迁》中大蟒蛇的耐心。

我还发现 WSB 那群美国高手很爱用埋伏这一招，这实在太有趣了，我可趁机搭美国人的轿。

第十一，石破天惊的右侧交易

股市的交易区分为左侧交易与右侧交易，只有在下列 6 个条件都满足的情况下，我才会采取右侧交易：

1. 股价惨跌到一个阶段的最低点（通常是半年），止跌后自然形成右侧。右侧交易就是买攻。虽然我说过买攻不买

> **大师炼金术**
>
> 小抄底必须掌握股市中的气、机、势，求取波段的利润，需要很强的 K 线能力与看盘功力，其中必须观气之形成，好好掌握其中的机，最后顺势而行。

213

涨，但其实买攻与买涨是孪生兄弟。买对了就是买攻，赚一马车；买错了就是追涨（套牢），赔一牛车。

2. 通常右侧交易会出现当年的飙股，而后主力出货之后，回调狠狠整理回跌七成，甚至达八成，这是空间波的修正。

3. 回跌的价格抵达当初通过券商大笔买入的承销价，甚至低于承销价，这是无形的保证。

4. 类股必须是"当红炸子鸡"，这是主力炒作的重要条件。

5. 因主力归队，日 K 线会出现几根长红棒，周 K 线会明显出量。

6. 股价下跌的时间长达好几个月，甚至达半年，这是时间波的修正。

必须满足上述 6 点后，我才会下单。为求万全之策，分批大胆敲进之后，我仍会设一个停损点，万一看错方向达停损点，则二话不说，毅然砍单。因为这是一年中难得的出击，故称为"石破天惊"。

第十二，从 K 线形态的撑与压寻找短线的买卖点

就短线价差派而言，遇撑则买，遇压则卖，这是最重要的指导原则。那么，如何从 K 线的形态中找到支撑与压力呢？首先你要在 K 线上下功夫，好好把第十一堂课读懂、读熟、

读精。原则上，短线形态的高点是压，低点是撑。

接下来，你还必须在形态学上下苦功，建议去读郑超文的《股价形态大赢家》和威廉·吉勒（William L. Jiler）的《股价走势图精论》（*How Charts Can Help You in the Stock Market*）。一定要耐心，"读图千遍，其义自现"，这是读懂K线形态最重要的口诀。

从K线形态的撑与压寻找短线的买卖点，与量价也有密切关系。关于这一点，可以参考《逮到底部，大胆进场》第七章"量价关系研究"，特别是第六十九节"量价的十个经验法则"，更须牢记在心。

第十三，从布林通道寻找支撑买点

股票买撑不买跌，这是很重要的短线操作策略，因为买撑就不会再跌，而且常是短线的起涨点，而买跌常常是继续再跌。买撑可参考技术分析中的布林线指标（Bollinger Bands），它包括三个要点：

1. 两个重要原则。

（1）当股价碰到上轨道线，要继续再涨的机会就很小（碰到压力线），这是短线的好卖点。

（2）当股价碰到下轨道线，要继续再跌的机会就很小（碰到支撑线），这是短线的好买点。这也是我个人在实务操作中，经常参考的买支撑点。

> 小抄底着眼于未来3~6个月的反弹趋势，要好好去想主流趋势是什么类股，其中最强的又是哪一档股，想通这一点，你就胜券在握了。——大师炼金术

2. 多头信号。

（1）股价从下向上穿越下轨道线时，为买进信号。

（2）股价从下向上继续穿越中间的线时，股价可能加速向上涨，为加码买进信号。

（3）股价在中间线与上轨道线之间波动时，为多头市场。

3. 空头信号。

（1）股价在中间线与上轨道线之间，从上向下跌破中间线时，为卖出信号。

（2）股价在中间线与下轨道线之间波动时，为空头市场。

第十四，运用 KD 指标寻找买卖点

KD 指标在短线上的应用两原则：

1. 日 K 值最小是 0，最大是 100。日 K 值若小于 20，表示短线处在超卖区；若大于 80，表示短线处于超买区。

2. 日 K 线若在 20 以下向上交叉日 D 线时，为买进信号；日 K 线若在 80 以上向下交叉日 D 线时，为卖出信号；配合平台整理结束，而日 K 线又出现在 20 以下向上交叉日 D 线时，是强烈的底部买进信号。

第十五，运用 RSI 指标寻找买卖点

RSI 指标在短线上的应用有五原则：

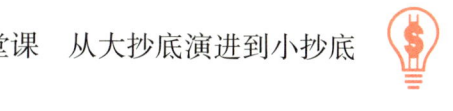

第十二堂课　从大抄底演进到小抄底

1. 短线操作者最重视 5 日 RSI，10 日 RSI 次之。

2. 运用 RSI，必须留意 20、50、80 这 3 个数值。RSI 50 是股价强弱的分水岭，就短线而言，RSI 超过 50 反映股价位处在强势，RSI 低于 50 则处在弱势。因此，即使股价下跌，但 RSI 未跌破 50 之前，仍属强势整理，不必急于卖出；同理，即使股价反弹上涨，但 RSI 未突破 50 之前，仍属弱势反弹，不必急于买进。

3. 某只股票的 RSI 低于 20，甚至来到 10 之时，表示该股短线已经进入超卖区，未来短线反弹的概率很大，可逢低分批买进；相反，当某只股票的 RSI 高于 80，甚至来到 90 之时，表示该股短线已进入超买区，未来短线回调的概率很大，应逢高分批卖出。

4. 某只股票的股价进入 RSI 20 以下的超卖区，股价仍然持续下跌，但 RSI 发生钝化现象不再下跌，这叫打底背离，为短线强烈的买进信号。

5. 某只股票的股价进入 RSI 80 以上的超买区，股价仍然持续上涨，但 RSI 发生钝化现象不再上涨，这叫做头背离，为短线强烈的卖出信号。

> **大师炼金术**
>
> 双抄底不但解决了出手频率的问题，而且心态可以更平衡，既能以长护短，也能以短护长。

抄底大师炼金绝学

股市磨剑 30 年的 12 堂高手课

跋

高手的情怀

　　我认为真正的股市高手，不在于你是否操盘必胜，不在于你是否开名车、住豪宅，不在于你是否很有钱（赚到了 1 亿元或几十亿元），也不在于你是否很有名（明星、网红、名作家），更不在于你是否选上了总统（即使选上了总统，若心中没有众生，也是枉然），而在于你是否愿意不计名利为芸芸众生做一点事情。

　　老郭卖瓜，2010 年出版《逮到底部，大胆进场》一书时，内心有过挣扎（参看该书中的"跋"），这种感觉特别强烈；2012 年悟出股市的位置理论，出版《看准位置，只赚不赔》时，亦有此感觉；2021 年撰写《抄底大师炼金绝学：股市磨剑 30 年的 12 堂高手课》时，更有此感觉。每年开班传承，也是这种心态。

　　你们现在可能看不太懂这段话的意思，没关系，总有一天你们会懂的。我确信安纳金版主、安喜乐版主、丰山版主、芷薇姐妹一定会懂的。真正的股市高手是不会张扬、不计名

跋　高手的情怀

利、不求回报的，他们默默不断地付出，传道、授业、解惑，即使遭人嘲笑，也坚持信念，毫不在意。

说来惭愧，这个道理我到了 70 岁，熟读《圣经》之后才真正懂了。

智慧与真理远比财富与权势更重要。当你真心诚意不计名利、默默为众生做一点事的时候，上天赐给你的是千金买不到的平安喜乐。

最后我诚挚地建议：读完本书，若从中得到启发，甚至因此获利的话，不用报答我，请从中取十分之一酬济贫穷，感恩！

参考书目

本书的参考书籍，除了第一堂课的 20 本（此处不再重复）之外，再列举 20 本。

1.《K 线理论》，戴柏仪著。

2.《主控战略 K 线——透析主力操盘的 K 线运用技巧》，李进财、谢佳颖、黄韦中著。

3.《日本蜡烛图技术》，史蒂夫·尼森著。

4.《股价形态大赢家》，郑超文著。

5.《无价之宝——股市理论 30 种》，汪贻文著。

6.《股价走势图精论》，威廉·吉勒著。

7.《股市实战 100 问》，郭泰著。

8.《平民股神教你不蚀本投资术》，苏松泙著。

9.《我的职业是股东》，林茂昌著。

10.《用心于不交易》，林茂昌著。

11.《巴菲特这样抄底股市》，严行方著。

12.《短线天才》，李金明，庄伟编著。

13.《短线固定招式》，刘富生著。

14. 《股票指数的形态趋势分析》，刘富生著。

15. 《短线法宝》，陶崇恩编著。

16. 《战胜华尔街》，彼得·林奇著。

17. 《彼得·林奇教你理财》，彼得·林奇著。

18. 《算利教官教你存股利滚利年年领百万》，杨礼轩著。

19. 《主力的思维》，CIS 著。

20. 《投资技巧——行之有效的个人理财策略》（The Craft of Investing），约翰·特雷恩（John Train）著。